新汉语教程

情景·功能·结构

III

李晓琪 戴桂芙 郭振华 编著

北京大学出版社

北京

图书在版编目(CIP)数据

新汉语教程(Ⅲ)/李晓琪等编著。—北京:北京大学出版社,1999.2
ISBN 7-301-04030-X

Ⅰ.新… Ⅱ.李… Ⅲ.汉语-对外教育-教材 Ⅳ.H195.4

书　　　名:新汉语教程(Ⅲ)
著作责任者:李晓琪等编著
责 任 编 辑:胡双宝
标 准 书 号:ISBN 7-301-04030-X/H·443
出　版　者:北京大学出版社
地　　　址:北京市海淀区中关村北京大学校内　100871
网　　　址:http://cbs.pku.edu.cn/cbs.htm
电　　　话:出版部 62752015　发行部 62754140　编辑室 62752028
电子信箱:zpup@pup.pku.edu.cn
排　印　者:北京大学印刷厂
发　行　者:北京大学出版社
经　销　者:新华书店
　　　　　　850毫米×1168毫米　32开本　9.625印张　224千字
　　　　　　1999年2月第二版　2000年8月第二次印刷
定　　　价:25.00元

目 录

第六十一课 ················· 1
  永字八法

第六十二课 ················· 13
  说说"电视红娘"

第六十三课 ················· 25
  (一)戴高帽子
  (二)中医悬壶

第六十四课 ················· 39
  (一)说梦
  (二)盼梦

第六十五课 ················· 53
  买幸福的小女孩

第六十六课 ················· 67
  (一)我们都姓季
  (二)中国人的姓

第六十七课 ················· 79
  (一)坐画
  (二)中国画

第六十八课 ················· 91
  熊猫把我带到了中国

第六十九课 ················· 103
  在上海打工

第七十课 ··· 115
　算盘

第七十一课 ··· 127
　1+1=?

第七十二课 ··· 139
　一件难忘的小事

第七十三课 ··· 151
　(一)认"真"
　(二)汉字是怎么发展来的

第七十四课 ··· 163
　(一)屈指代跪
　(二)茶道

第七十五课 ··· 179
　孙中山和中山服

第七十六课 ··· 191
　全聚德今昔

第七十七课 ··· 207
　深圳的"吃文化"

第七十八课 ··· 219
　学"东西"

第七十九课 ··· 231
　月　饼

第八十课 ··· 247
　生日礼物

词语表 ··· 261
词语例解 ··· 296

第六十一课

生　词

1. 永　　　yǒng　　　　　（形）　always
2. 据说　　jùshuō　　　　　　　　It is said…
3. 书法　　shūfǎ　　　　（名）　calligraphy
4. 书法家　shūfǎjiā　　　（名）　calligrapher
5. 代　　　dài　　　　　（名）　dynasty
6. 领　　　lǐng　　　　　（动）　bring
7. 结构　　jiégòu　　　　（名）　structure
8. 笔画　　bǐhuà　　　　（名）　strokes of chinese character
9. 齐全　　qíquán　　　　（形）　complete
10. 基本功　jīběngōng　　（名）　basic skill
11. 反复　　fǎnfù　　　　（形）　repeatedly
12. 思考　　sīkǎo　　　　（动）　think deeply
13. 突然　　tūrán　　　　（副）　suddenly

1

14. 大声	dàshēng		loudly
15. 拖	tuō	(动)	pull
16. 一下子	yīxiàzi		all of a sudden
17. 提醒	tíxǐng	(动)	remind
18. 自言自语	zìyánzìyǔ	(成)	talk to oneself
19. 理会	lǐhuì	(动)	take notice of
20. 叫声	jiàoshēng	(名)	calling
21. 莫名其妙	mòmíngqímiào	(成)	be unable to make head or tail of sth.
22. 点	diǎn	(名)	dot
23. 横	héng	(名)	horizontal stroke
24. 竖	shù	(名)	vertical stroke
25. 捺	nà	(名)	right-falling stroke
26. 撇	piě	(名)	left-falling stroke
27. 挑	tiǎo	(名)	rising stroke
28. 钩	gōu	(名)	hook stroke
29. 折	zhé	(名)	turning stroke
30. 提	tí	(名)	rising stroke
31. 称	chēng	(动)	call

专　　名

1. 晋代　　　　Jìndài　　　　the Jin Dynasty
2. 王羲之　　　Wáng Xīzhi　　name of person
3. 智永　　　　Zhìyǒng　　　name of person

课　　文

永字八法

　　据说,晋代大书法家王羲之的第七代孙子叫智永,也是一位有名的书法家。
　　一天,有一位客人领着一个八岁的小孩儿来请教智永,问他怎样练习写字。智永想,教小孩子学写字,最好的办法是想出一个字,这个字结构要简单,笔画要齐全,让小孩子写好了这个字,也就练好了基本功。他正在反复思考时,突然听到窗外有一位朋友大声地叫他:"智—永—！智—永—！"而且"永"字的声音拖得很长,这个声音一下子提醒了智永,他一拍手,自言自语地说:"对！就用这个'永'字!"

他不理会朋友的叫声,拿起笔来写下了一个"永"字。这时他的朋友走进屋里来了,说:"智永,我叫你,你怎么不答应?"智永说:"谢谢你的叫声,你的叫声使我想起这个'永'字来了!"他朋友听了,觉得莫名其妙,就问:"这是怎么回事?"智永指着旁边那个要学写字的小孩说:"这位小朋友要学字,到我这儿问学习写字的方法,我想找一个结构简单、笔画齐全的字让他去练习。我正在想呢,突然听到你叫我的名字。我名字中这个"永"字,结构既简单,笔画又齐全,用它练习字的基本笔画最好。你看'永'这个字,点、横、竖、捺、撇、挑、钩、折都有,汉字的笔画基本全了。你这一叫,叫出个写字的方法来,真得谢谢你了!"那朋友问:"拿什么

谢我?"智永想了想,说:"写个'永'字留作纪念吧!"于是他就提笔写了一个"永"字。

后来人们都用这个字练书法,称作"永"字八法。

词语例解

1. 据说

"据说"经常用在句子开头,例如:

(1)据说他在那里生活得很愉快。

(2)据说"永字八法"是智永发明的。

"据说"后的成分是一个复杂词组的时候,也可以放在"据说"前。例(2)可以说成:

(3)"永字八法"据说是智永发明的。

如果要强调谁说,可把强调对象插在"据"和"说"之间。

(4)据他说小王最近身体不太好。

(5)据天气预报说今天晚上有大风。

2. 突然

"突然"是形容词,有四个主要用法:

a. 突然+V

～说　　～下起雨来　　～听到一个叫声

b. 副词(很/太/非常等)+突然

　　太～了　　　很～　　　非常～

c. 突然(的)+N

　　～的情况　　　～的变化

d. V+突然

　　感到～　　　觉得～

"忽然"意思跟"突然"差不多,但"忽然"是副词,它只有"突然"的第一个用法。

3. 一下子

"一下子"的意思是表示短暂的时间,强调"很快、立刻"。"一下子"后常用肯定形式,还常常用副词"就"。例如:

(1)这个问题他一下子就回答出来了。

(2)天气一下子就热起来了。

(3)我一下子就明白了他的意思。

4. 想起来

"起来"常常作动词的补语,否定式是"V 不起来"。例如:

(1)我想起来了,你叫王明。

(2)这个字怎么念？我怎么也想不起来了。

如果动词有宾语,宾语要放在"起"和"来"的中间。例如:

(3)智永想起这个"永"字来了。

(4)最近他又抽起烟来了。

(5)外面突然下起雨来。

练　习

一、搭配词组：

1. 结构简单　结构合理　房屋结构
2. 材料齐全　种类齐全　工具齐全
3. 反复试验　反复思考　出现反复
4. 非常突然　感到突然　突然发生
5. 及时提醒　提醒大家　提醒一下

二、选词填空：

领　拖　拍　指　留　提

1. 他____着远处的一座山对我说："那就是香山。"
2. 他叫服务员把箱子____上楼去。
3. 导游____着参观团登上了泰山。
4. 请你把你的电话号码____下，有事我通知你。
5. 他____着自己的脑门说："我真笨！"
6. 这件事要快办，不能再____了。

三、辨词填空：

(一)答应　理会

1. 你的要求，他已经____了。
2. 我喊了她几声，她也没____。
3. 你好好在这儿看书，别____他。

4. ____了别人的事就一定要做。

(二)突然　忽然
5. 消息来得太____了,我几乎不能相信。
6. 刚出门,____刮起了大风。
7. 他刚才还在,怎么____不见了。
8. 他对这件事感到____吗?

(三)齐全　反复　提醒　据说
1. 这家医院的条件真不错,设备____。
2. 他____研究,终于取得了成功。
3. 如果我忘了,请你____我一下。
4. ____北京常常举办书法展览。

四、完成句子:
1. 这本书很受欢迎,_____。(一下子)
2. 昨天他还在广州,_____。
　　　　　　　　　　　　　　　　　(一下子)
3. 一场大雪下过之后,_____。
　　　　　　　　　　　　　　　　　(一下子)
4. 毛笔字不是_____,要反复练习。
　　　　　　　　　　　　　　　　　(一下子)
5. 老师问了我一个问题,可_____。
　　　　　　　　　　　　　　　　　(想起来)

6. 他家的地址我怎么也＿＿＿＿＿＿＿＿＿＿＿。
（想起来）
7. 小时候的生活＿＿＿＿＿＿＿＿＿＿。（想起来）
8. 当时的情况＿＿＿＿＿＿＿＿＿＿？（想起来）

五、造句：

自言自语

莫名其妙

阅　　读

练"鹅"

中国古代的大书法家王羲之喜欢养鹅，也喜欢写"鹅"字。还常常教他的孩子练"鹅"字。

一天，王羲之把孩子叫进房间，让大家准备好纸和笔。然后，他指着窗外湖里的一对白鹅说："你们看，那对白鹅多么自在。今天，我要你们再写'鹅'字，看谁写得好。"孩子们听完父亲的话，都写了起来。

每个孩子写完二十个"鹅"字，王羲之自己放好纸，拿起笔边说边写，一连写了四个不同字体的

"鹅"字。孩子们看着父亲那漂亮的字体,非常羡慕。小儿子问王羲之:"爸爸,你的字这么好,你是怎么学的?"王羲之笑笑说:"心慕手追,功到字成。"又指着院子里的水缸说"只要你们写干这十八缸水,字就练好了!"

王羲之为什么要教孩子们练"鹅"字呢?原来"鹅"字有十几笔,汉字的基本笔画——横、竖、撇、捺、点、钩……都有了。因此,练习写"鹅"字可以练汉字书法的基本功。

在王羲之的教导下,他的几个儿子后来都成了有名的书法家。

1. 练	liàn	(动)	practise
2. 鹅	é	(名)	goose
3. 自在	zìzài	(形)	at ease
4. 羡慕	xiànmù	(动)	admire, envy
5. 追	zhuī	(动)	follow
6. 功	gōng	(名)	effort
7. 水缸	shuǐgāng	(名)	water jar
8. 干	gān	(形)	dry
9. 教导	jiàodǎo	(动)	teach

"泥人张"塑猴

天津有个艺人叫张明山,他塑的人像很有名,大家都叫他"泥人张"。

"泥人张"从小跟着父亲学习捏泥人。他父亲最喜欢捏"白猴偷桃",这种艺术品当时很受大家的欢迎。

可是,张明山从小有个习惯:喜欢看到什么捏什么,不愿模仿别人的东西。有一天,他在街上见到了真正的猴子,发现它的形象和颜色都与父亲捏的猴子不一样,觉得父亲做的不真实。晚上,趁父亲睡了,他在灯下根据自己看到的猴子形象捏成了新的模样。

第二天早上,他父亲发现儿子捏的泥猴,不是他以前作的样式,怕不受市场欢迎,影响家庭收入,很不高兴。但是当他把泥猴拿到市场上卖时,顾客都来买这种新样式的猴子,不但很快就卖光了,而且还有人订货。从此,他父亲也改变了态度。

经过几年的努力,张明山捏猴、塑像的技艺有了很大的提高,不但把父亲的技艺都学到了手,而且还具有自己的特色。

1. 泥人	nírén	(名)	clay figure
2. 塑	sù	(动)	mould
3. 猴(子)	hóu(zi)	(名)	monkey
4. 天津	Tiānjīng		Tianjin
5. 艺人	yìrén	(名)	handicraftsman
6. 捏	niē	(动)	mould (clay figure)
7. 白猴偷桃	Báihóu tōu táo		The White Monkey Steals Peaches
8. 模仿	mófǎng	(动)	imitate
9. 真实	zhēnshí	(形)	real
10. 模样	múyàng	(名)	appearance
11. 样式	yàngshì	(名)	style
12. 收入	shōurù	(名)	income
13. 态度	tàidù	(名)	attitude
14. 技艺	jìyì	(名)	skill

第六十二课

生　　词

1. 红娘　　　hóngniáng　　　（名）　　matchmaker
2. 大胆　　　dàdǎn　　　　　（形）　　bold, daring
3. 中年　　　zhōngnián　　　（名）　　middle age
4. 相识　　　xiāngshí　　　　（动）　　be acquainted with each other
5. 热门　　　rèmén　　　　　（形）　　popular
6. 话题　　　huàtí　　　　　（名）　　subject of a talk
7. 前所未有　qiánsuǒwèiyǒu　　　　　unprecedented
8. 选择　　　xuǎnzé　　　　（动）　　select
9. 伴侣　　　bànlǚ　　　　　（名）　　partner
10. 开辟　　　kāipì　　　　　（动）　　open up
11. 结识　　　jiéshí　　　　　（动）　　get to know sb.
12. 面　　　　miàn　　　　　（名）　　range
13. 同事　　　tóngshì　　　　（名）　　colleague

14. 勇气	yǒngqì	（名）	courage
15. 勇敢	yǒnggǎn	（形）	brave
16. 交往	jiāowǎng	（动）	contact
17. 范围	fànwéi	（名）	scope
18. 美满	měimǎn	（形）	happy
19. 追求	zhuīqiú	（动）	seek
20. 同等	tóngděng	（形）	same
21. 权利	quánlì	（名）	right
22. 温暖	wēnnuǎn	（形）	warm
23. 层次	céngcì	（名）	levels

专　名

1. 北京电视台　Běijīng Diànshìtái　BTV
2. 中国妇女报　Zhōngguó Fùnǚbào　Chinese Women's Gazette

课　文

说说"电视红娘"

"喂，昨晚你看北京电视台的节目了吗？那征婚的姑娘够大胆的!"

"可不是,现在人们都开放了,上电视找对象。"

这是两位中年妇女在自选市场的对话。

北京电视台的"今晚我们相识"节目,成了北京人的热门话题,电视征婚,这的确是一件前所未有的新鲜事儿。

一位工人认为,电视台的这个节目,为人们选择理想的伴侣开辟了一个新环境,这真是个好节目。

一个大学毕业生说:"电视征婚使人们扩大了结识面,我很想参加。但又怕上了电视以后,自己的同事、同学、朋友有这样那样的看法,所以我一直没有勇气上电视。"

那么已经走上电视征婚节目的勇敢的人,他们是怎么想的呢?

一位大学老师说:"一开始我也有些不习惯,也有点儿不好意思,但我没有把这看得很重,电视让我们扩大了生活交往范围。"

参加征婚的一位老干部说:"人人都希望自己的生活美满,在追求爱情上,男女老少都应该有同等的权利,老年人更需要家庭的温暖。"

在参加征婚的人中,不同职业、不同层次的人都有。《中国妇女报》的一位女记者说:"我不在乎别人会怎么说,所以,我什么都不怕。在电视上的几分钟里,我把自己想说的全说了,因为一个人要想找到理想的伴侣,就应该让别人先了解自己。"

词 语 例 解

1. 可不是

"可不是"常用在对话中,表示赞同别人的意见、看法,"可不是"后常用逗号隔开,也可以加语气词。例如:

(1) A:今天够热的。

B:可不是,比昨天热多了。

(2) A:参加电视征婚的人真勇敢。

B:可不是嘛,他们都在勇敢地追求自己的幸福。

2. 的确

"的确"是副词,它的用法有:

a. 的确+V/A

(1) 我的确喜欢"今晚我们相识"这个节目。

(2) 这件事的确很重要。

b."的确"用在句首,后边常有逗号。
(3)的确,她就是我最喜欢的人。
(4)的确,学好汉语很不容易。
c.重叠使用,起强调作用。
(5)他的的确确不知道这件事。

3. 一直

"一直"有两个意思:

a.表示顺着一个方向不变。例如:
(1)从这儿一直往北走,就是图书馆。
(2)一直走下去,有一个邮局。
b.表示动作持续不断或情况始终不改变。
(3)大雨一直下了三天三夜。
(4)我们从去年起一直学习汉语。

4. 不好意思

"不好意思"有下面几个用法:

a. V+不好意思

　觉得～　　感到～　　有点儿～　　不要～

b. 不好意思+V

　～回答　　～拒绝　　～上电视

c. 副词"很、真、实在"+不好意思

　很～　　真～　　实在～

练 习

一、搭配词组：
1. 选择职业　　选择对象　　选择道路
2. 开辟交通　　开辟道路　　开辟工作
3. 范围大　　　工作范围　　活动范围
4. 追求光明　　追求幸福　　追求真理
5. 扩大范围　　扩大贸易　　扩大面积

二、选词填空：
（一）大胆　热门　同等　美满　温暖
1. 每个人都需要家庭的＿＿＿＿。
2. 比赛只能在＿＿＿＿的条件下进行。
3. 你太＿＿＿＿了，这么高的地方你都敢跳？
4. 市场经济是中国当前的＿＿＿＿话题。
5. 他有一个＿＿＿＿幸福的小家庭。

（二）选择　开辟　结识　追求　交往
6. 他俩＿＿＿＿已经有十几年了。
7. 我和他没有＿＿＿＿。
8. ＿＿＿＿职业对一个人来说十分重要。
9. 他＿＿＿＿的不是个人的快乐，而是事业的成功。

10. 我的家乡是山区,现在____成风景游览区。

三、辨词填空

(一)勇气　勇敢

1. 她是一位____的姑娘。
2. 你有没有____从独木桥上走过去?

(二)相识　结识

3. 他在中国学习期间,____了许多朋友。
4. 他俩从____到结婚只有半年时间。

四、完成句子:

1. 中国实行改革以来,_____。
　　　　　　　　　　　　　　　　(前所未有)
2. 姑娘第一次约会,_____。
　　　　　　　　　　　　　　　　(不好意思)
3. 他来过三次中国,_____。(一直)
4. 选择理想的伴侣_____。(的确)
5. 他这个人随便惯了,_____。(不在乎)

五、造句:

不在乎　　可不是
的确　　　热门
一直　　　不好意思

阅 读

误 会

那年秋天,送妈妈去火车站。为了赶时间,我们坐出租汽车去。一出门,一辆红色的"大发"停在了面前。司机很喜欢说话。听说我是个"小大夫",立刻拿出纸,让我写下电话号码和姓名,对医院里的一切都很感兴趣。

一星期以后我接到一个电话,那位小司机的朋友病了,想请我帮忙。第二天他还特别来医院感谢,因为不太忙,就和他聊了一会儿。以后车经过医院他常进来看看,聊聊。我是一个很爱聊天的人,他一来,我们就东南西北地聊起来。

一次从南方回北京,下火车时才半夜三点。正不知怎么办,忽然有人拍了我一下,啊!是小司机接我来了,我又感动又高兴。谁知道,小司机这次没和我聊什么,在路灯下我看见他的脸红了。

以后的几个月,他来医院少了,人瘦了,眼睛有点儿红。一个星期五的下午,我刚下班,就看见那辆熟悉的"大发"停在路边,小司机在车里向我招手。他把车开到了一座新盖的大楼前,带我进了一套房子。我向四面看了一眼就大叫起来:"太好了!就缺一个新娘子了!"小司机看了我一眼:"新娘子不是来了吗?"我大吃一惊,糟了,他误会了我们之间的友谊。

以后的几天,我心里一直不安,不知道怎么说才能不伤害他。我恨我这张喜欢说话的嘴和随便的性格。几天后还是他先来了电话,只轻轻地说了声"对不起"。以后他再也没有来过医院。我呢,从那时起一看见TAXI,就不是滋味。

1. 误会　　wùhuì　　　　（名、动）misunderstanding
2. 赶　　　gǎn　　　　　（动）　hurry
3. 聊　　　liáo　　　　　（动）　chat
4. 招　　　zhāo　　　　　（动）　wave(hands)
5. 新娘子　xīnniánzi　　　（名）　bride
6. 友谊　　yǒuyì　　　　　（名）　friendship
7. 不安　　bùān　　　　　（形）　uneasy
8. 伤害　　shānghài　　　（动）　hurt
9. 恨　　　hèn　　　　　　（动）　hate
10. 随便　　suíbiàn　　　　（形）　casual

11. 滋味　　　zīwèi　　　（名）　feeling

丈夫替我去约会

谈恋爱时，我就向他说明自己的几个缺点，有一条就是：喜欢交异性朋友，而且结婚后也不想改变。他却说："没关系，如果你是大海，我就是大洋，把你的一切一切都包容。"我很喜欢他的性格，不久就和他结了婚。

结婚后，我仍然常常收到一些朋友的来信。每次收到信我都让他看，可是他从来不看，也从不看我以前的日记和诗。

有一天，收到一位男友的短信：请×月×日在火车站前1路车站等候，有重要的事商量。去吧，我当时正怀孕，走路不方便；不去吧，万一朋友有急事耽误了呢。我不知怎么办好，就和他商量。我说："你替我去行吗？"他说："可以。"于是我告诉他时间、地点和男友的样子，还写了一封信，他就去了。没想到，一个钟头以后，丈夫竟把朋友带回家来了，又是倒茶，又是做饭，我感动得说不出话来。因为如果我是他，我一定做不到。

晚上我问他:"你为什么会去?万一他是我过去的恋人呢?"他微微一笑:"无论是男友还是恋人都没什么,因为我相信你,更相信我自己的魅力——让你时刻感到和我结婚是最幸福的。"说完,那温暖而有力的大手把我搂在了他的怀里。

1. 替	tì	(动)	do instead
2. 异性	yìxìng	(名)	different sex
3. 洋	yáng	(名)	ocean
4. 包容	bāoróng	(动)	include
5. 日记	rìjì	(名)	diary
6. 等候	děnghòu	(动)	wait
7. 怀孕	huáiyùn	(动)	pregnant
8. 万一	wànyī	(副)	in case
9. 耽误	dānwu	(动)	delay
10. 竟	jìng	(副)	unexpectedly
11. 恋人	liànrén	(名)	lover
12. 微微	wēiwēi	(副)	faintly, slightly
13. 魅力	mèilì	(名)	charm
14. 有力	yǒulì	(形)	strong
15. 搂	lǒu	(动)	hug
16. 怀	huái	(名)	bosom

第六十三课

生　词

1. 京城	jīngchéng	（名）	capital
2. 地方上	dìfāngshang		locality
3. 之前	zhīqián		before
4. 亲戚	qīnqi	（名）	relative
5. 告别	gàobié	（动）	farewell
6. 凡事	fánshì	（名）	everything
7. 谨慎	jǐnshèn	（形）	cautious
8. 顶	dǐng	（量）	*measure word*
9. 发	fā	（动）	lose（temper）
10. 脾气	píqi	（名）	temper
11. 难道	nándào	（副）	simple
12. 为	wéi	（动）	do, act
13. 正直	zhèngzhí	（形）	honest
14. 连忙	liánmáng	（副）	at once

25

15.	确实	quèshí	(形)	really
16.	高尚	gāoshàng	(形)	noble
17.	连连	liánlián		repeatedly
18.	中医	zhōngyī	(名)	traditional Chinese medical science
19.	悬	xuán	(动)	hang
20.	壶	hú	(名)	pot
21.	中药	zhōngyào	(名)	Chinese medicine
22.	医治	yīzhì	(动)	cure; treat
23.	葫芦	húlu	(名)	bottle gourd
24.	俗话	súhuà	(名)	common saying
25.	瘟疫	wēnyì	(名)	plague
26.	镇子	zhènzi	(名)	town
27.	绝望	juéwàng	(形)	despair
28.	神奇	shénqí	(形)	magical
29.	老翁	lǎowēng	(名)	old man
30.	集市	jíshì	(名)	courtry fair
31.	开设	kāishè	(动)	open
32.	药店	yàodiàn	(名)	drugstore
33.	粒	lì	(量)	*measure word*
34.	药丸	yàowán	(名)	pill
35.	罢	bà	(动)	stop
36.	尽管	jǐnguǎn	(连)	though

37. 始终	shǐzhōng	（副）	from beginning to end
38. 比喻	bǐyù	（动）	metaphor
39. 某（种）	mǒu(zhǒng)	（代）	certain
40. 隐秘	yǐnmì	（名）	secret
41. 渐渐	jiànjiàn	（副）	gradually
42. 作为	zuòwéi	（动）	as
43. 标志	biāozhì	（名）	sign

课　文

（一）戴高帽子

　　从前，有一个人要离开京城去做官，临走之前，先到一个当大官的亲戚那里去告别，那个亲戚对他说："到外面去做官不容易，凡事要谨慎"。他回答说："您就放心吧！我已经准备了一百顶高帽子，给每个同事送一顶，我想他们一定会高兴吧！"

　　哪知那个亲戚听了大发脾气，说："你难道忘了我常跟你说的吗？为人一定要正直，你怎么能这样做呢？"

这个人连忙说:"不爱戴高帽子的人确实不多,天下这么大,像您这样高尚的人能有几个啊!"

那个亲戚听他这么一说,高兴得连连点头,说:"嗯,你说得好!"这个人从他家走出来以后,对一个朋友说:"我准备了一百顶高帽子,现在只剩下九十九顶了。"

(二)中医悬壶

中国古时候,人们都用中药医治伤病。不知你注意没有,中药与葫芦有关。有句俗话叫:"不知葫芦里装的是什么药。"看来,药是装在葫芦里的。

传说,很久以前,发生过一场大瘟疫,有一个镇子死了很多人。这种病没有办法医治,得了病的人都绝望地等死。有一天,镇上来了一个神奇的老翁,他在集市上开设了一个药店,门前悬挂着一个药葫芦,专门治这种瘟病。来这儿看病的人,吃了老翁从药葫芦里倒出来的一粒药丸以后,病就好了。可是这个老翁很怪,每到集市罢集时,他就跳入药葫芦里不见了。这样,尽管老翁治好了许多人,可是人们始终不知道他葫芦里装的是什么药。

后来,人们用"不知道葫芦里装的是什么药"这句话,来比喻对某种事物不知其中的隐秘。

这个传说出现以后,渐渐地各地中医和中药店门前都悬挂一个药葫芦作为标志,这就是"悬壶"。

词语例解

1. 凡事

"凡事"在句中作主语,谓语中多用能愿动词"要、应该、必须"表示每一件事情应该或者不应该怎么样。例如:

(1)凡事要小心。

(2)凡事应该多想多问。

(3)凡事不要着急。

2. 难道

表示反问语气,句尾常用"吗",有两个位置:

a. 主语+难道+谓语

(1)你难道不认识他吗?

(2)那个大官难道不喜欢戴高帽子吗?

b. 难道+主语+谓语

(3)难道汉语真的那么难学吗?

(4)难道他不同意这个意见吗?

3. 确实
"确实"可以做状语,如例(1)(2),也可以做谓语,如例(3)(4):
(1)昨天他确实来找过你。
(2)北京的冬天确实比较冷。
(3)这个消息是确实的。
(4)你说的情况不确实。

4. 连连
表示在很短的时间内,一次一次地重复动作。例如:
(1)这场比赛,我们队连连进球。
(2)客人临走时,对主人连连表示感谢。

5. 每
表示相同的动作有规律地重复出现。"每"后面常用"到、当"。例如:
(1)每当我来到北京,都要去看望我的朋友。
(2)每到暑假,不少同学就去旅游。

6. 尽管
连词"尽管"表示让步,用在复句的第一个分句中,后一分句用"但是、可是、还是、仍然"等呼应。例如:
(1)尽管外面下着大雨,他还是出去了。
(2)他尽管身体不好,可是仍然坚持上课。

7. 始终

表示从开始到说话时一直没有变化,常用于否定式。例如:

(1)我始终认为中医治病很好。

(2)我们等了他一个小时,他始终没来。

(3)听说他俩离婚了,可是我始终不知道他们为什么离婚。

8. 其中

"其中"的意思是"那里面",指上面所说的,常用在名词的前面。"其中"和名词之间可以有"的",也可以没有"的"。例如:

(1)中药店门前要悬挂一个葫芦,其中的稳秘你知道吗?

(2)我们学校有五千多人,其中女同学有两千人。

练 习

一、搭配词组:

1. 跟……告别　告别家乡　告别亲人
2. 消息确实　确实好　　确实有意思
3. 开设银行　开设饭馆　开设药店
4. 作为条件　作为学生　作为朋友

二、选词填空：

(一)谨慎　正直　高尚　绝望　神奇

1. 他做事小心____。
2. 当大夫告诉他得的是癌症时,他____了。
3. 他是一个____无私的人。
4. 那是一座____的山,关于它有着各种____的传说。
5. 他的____精神感动了人们。

(二)临　发　剩　为

1. 他____走时,给我打了个电话。
2. 别____火,有话慢慢说。
3. 除了吃住以外,____下的钱不多了。
4. 他____人老实,从不说谎。

(三)难道　确实　尽管　始终　渐渐　连连

1. 我说的话____你不信？
2. 天气____暖和了。
3. 天津离北京很近,可是我____没去过。
4. ____他不愿意,可是他还是去了。
5. 他对艺术____很有兴趣。
6. 这一个月来,他上课____迟到。

三、辨词填空：

(一)的确　确实

1. 你的消息____吗？
2. 你说的那个人____不错。
3. 那幅画____是假的。

(二) 连连　连忙
1. 他在火车上____向我们招手。
2. 客人来了，他____站起来迎接。
3. 老师建议大家下午参观画展，大家____点头同意。

四、完成句子：
1. _____，他还是坚持跑步。（尽管）
2. _____，可是仍然没有人同意他的意见。（尽管）
3. _____，她都收到许多礼物。（每）
4. _____，同学们都要学习到晚上十点。（每）
5. 这篇文章我看了三四遍了，_____。（始终）
6. 听说老王已经到北京了，_____。
　　　　　　　　　　　　　　　　　　　（始终）

7. _____，最重要的事情是学习。
　　　　　　　　　　　　　　　　　　　（作为）
8. _____，他常常帮助我。（作为）

五、造句：
  凡事　　某　　发脾气
  其中　　之前　　渐渐

阅　读

朝 三 暮 四

　　从前有个老人，家里养了好多猴子。

　　猴子喜欢吃粟子，吃起来没个够，吃完了还要吃，不给就乱喊乱叫，给了，它们就你争我抢，甚至打起来。老人就想了一个办法，叫猴子少吃粟子，又叫猴子能听话。于是就跟猴子们商量起来。

　　老人问猴子："家里的粟子不多了，以后我把粟子分给你们，每天吃七颗，你们看好不好？"

　　猴子们一听各吃各的，再也不用争吵了，这是个好办法，就说："很好，很好。"

　　老人又说："七颗粟子，早晨吃三颗，晚上吃四颗，好吗？"

　　猴子们一听，早晨比晚上少一颗，很不高兴，就你一句我一句地说："不好，不好。"

老人想了想说:"那就换一个办法:早晨吃四颗,晚上吃三颗,好不好?"

猴子们一听,早晨比晚上多了一颗,都很高兴,说:"很好,很好。"

老人一看猴子们挺满意的,就哈哈大笑说:"好,就照你们满意的办法去做吧!"

你们看,这些猴子,早晨三颗,晚上四颗,它们认为少吃了一颗,就不高兴。早晨四颗,晚上三颗,它们就认为多吃了一颗,就很高兴。你说说这些猴子聪明不聪明?

成语"朝三暮四"就是从这个故事来的。这个成语原来表示一种欺骗手段,后来意思发生了变化,比喻那些说话、做事反复无常的人。

1. 朝　　　zhāo　　　　（名）　　morning
2. 暮　　　mù　　　　　（名）　　evening, dusk
3. 栗子　　lìzi　　　　　（名）　　chestnut
4. 喊　　　hǎn　　　　　（动）　　shout
5. 争　　　zhēng　　　　（动）　　strive for
6. 抢　　　qiǎng　　　　（动）　　grab
7. 争吵　　zhēngchǎo　　（动）　　quarrel
8. 成语　　chéngyǔ　　　（名）　　idiom

9. 欺骗	qīpiàn	（动）	cheat
10. 手段	shǒuduàn	（名）	means
11. 比喻	bǐyù	（动）	metaphor
12. 反复无常	fǎnfùwúcháng	（成）	changeable

人面桃花

唐朝有一位诗人，叫崔护。他的性格很特别，不喜欢人多，不喜欢热闹，自己一个人过着孤独的生活。

有一年的清明节，他独自一个人去城南郊游。走着走着，忽然看见前面有几间农村小屋，屋子的四周都种着美丽的桃花。这里的风景美极了，里面住的什么人呢？这时，他也有些口渴，就走过去敲门，要些水喝，也想认识一下主人。没想到，出来开门的是一位美丽动人的姑娘。姑娘很好客，热情地招待了他，请他喝了一杯香茶。这次奇遇，他一直记在心里。

日子过得真快，又是清明节了。他想再去和那个姑娘见见面，便又去了城南，走着去年走过的旧路去找她。可是当他走到那屋子的门前时，看见大

门锁着,怎么敲也没有人回答。他失望极了,便在那屋门上留下了一首诗:

> 去年今日此门中,
> 人面桃花相映红。
> 人面不知何处去,
> 桃花依旧笑春风。

"人面桃花"这个成语就是从这首诗来的。它的意思是说:虽然房屋、桃花依旧,可是美丽的姑娘却不见了,表示对喜欢而又不能相见的女子的怀念。

1.	面	miàn	(名)	face
2.	桃花	táohuā	(名)	peach flower
3.	崔护	Cuī Hù		name of person
4.	独自	dúzì	(副)	alone
5.	郊游	jiāoyóu	(动)	go outing
6.	四周	sìzhōu	(名)	around
7.	奇遇	qíyù	(动)	happy encounter
8.	锁	suǒ	(动)	lock
9.	映	yìng	(动)	reflect
10.	何处	héchù		where
11.	依旧	yījiù	(副)	as before
12.	相见	xiāngjiàn	(动)	meet

13. 女子　　　nǚzǐ　　　　（名）　　female woman
14. 怀念　　　huánniàn　　（动）　　cherish the memory of

崔护的诗意思是：
This very day last year,oh,at this very place,
A pretty face outshone the flowers of peach trees.
I do not know today where shines the pretty face;
Only the pretty flowers still smile in vernal breeze.

第六十四课

生　词

1. 梦　　　mèng　　　（名）　　dream
2. 恶　　　è　　　　　（形）　　evil
3. 数学　　shùxué　　（名）　　mathematics
4. 难题　　nántí　　　（名）　　difficult
5. 究竟　　jiūjìng　　（副）　　actually
6. 夜　　　yè　　　　（名）　　night
7. 夜里　　yèli　　　（名）　　at night
8. 梦境　　mèngjìng　（名）　　dreamland
9. 现实　　xiànshí　　（名）　　reality
10. 相反　　xiāngfǎn　　　　　opposite
11. 先兆　　xiānzhào　（名）　　omen
12. 显然　　xiǎnrán　　（副）　　obvious
13. 根据　　gēnjù　　（名、动）basis, grounds
14. 睡眠　　shuìmián　（名）　　sleep

15.	思维	sīwéi	（动）	thought
16.	日常	rìcháng	（形）	everyday
17.	必然	bìrán	（形）	inevitable
18.	直接	zhíjiē	（形）	direct
19.	口头	kǒutóu	（形）	oral
20.	白日梦	báirìmèng	（名）	daydream
21.	黄粱美梦	huángliángměimèng	（成）	pipe dream, Golden millet Dream
22.	幻想	huànxiǎng	（名、动）	fantasy
23.	虚构	xūgòu	（动）	fabricate, make up
24.	反映	fǎnyìng	（动）	reflect
25.	产生	chǎnshēng	（动）	produce
26.	美好	měihǎo	（形）	fine
27.	盼	pàn	（动）	expect, long for
28.	部	bù	（量）	*measure word*
29.	名著	míngzhù	（名）	famous book
30.	杂志	zázhì	（名）	magazine
31.	杂志社	zázhìshè	（名）	magazine office
32.	迷	mí	（名）	fan
33.	作家	zuòjiā	（名）	writer
34.	发表	fābiǎo	（动）	publish
35.	闭	bì	（动）	close

36. 读者	dúzhě	(名)	reader
37. 名	míng	(形)	famous
38. 滚	gǔn	(动)	roll
39. 摔	shuāi	(动)	fall
40. 之	zhī	(助)	of
41. 回忆	huíyì	(动)	recall

课　文

（一）说　梦

每个人都会做梦的。梦有美梦，也有恶梦。甚至有的人在梦中解出了数学难题。可是梦究竟是什么？人为什么会做梦？这些问题谁一下子也说不清楚。

有人说白天想什么事，夜里就做什么梦；又有人说梦境与现实都是相反的；还有人说梦是一种先兆。这些说法显然都是没有根据的。

但是梦的确是人在睡眠中的一种思维活动。这种思维活动总跟人的日常生活有某种联系。但不一定是必然的直接的联系。

人们口头上常说的"白日梦""黄粱美梦"，都指不可能实现的幻想。小说《红楼梦》也是作者虚构出来的,反映了人们因不满现实而产生的美好愿望。

　　　　(二) 盼　　梦

　　我盼着做梦。
　　忘了是哪个国家的一位大作家,也忘了是哪一部名著,只记得这部名著是这位作家记录下的自己的一个梦。
　　梦,也能成为名著的。
　　这件事儿,是一年前我在一本杂志上看到的,现在突然想起来,觉得高兴极了。我是一个作家迷,可是写了几年了,连一个字也没发表。于是,我放下了书,放下了笔,不再去看,不再去写。只要有时间,就躺在床上,闭上眼睛,盼着做一个好梦,一个可以写成小说的梦。
　　一天,两天,三天……半年过去了,做了不少梦,但是没有一个是能写成小说的。
　　这天夜里,我终于做了一个好梦。
　　我立刻起来,把梦中的故事写了下来,第二天就寄出去了,不到三个月,就发表了!后来,又一个杂志社也发表了我的"梦",一下子,我收到了许多读者的来信。大家都说喜欢我写的故事。

我成了名作家。我高兴地跳了起来。

我从床上滚了下来,摔醒了。那梦里的故事,原来是梦中之梦。

我又躺在床上,闭上眼睛,想回忆起那故事,但怎么也回忆不起来了。

词 语 例 解

1. 甚至

副词"甚至"强调达到很高的程度,常常和"也、都"配合使用。例如:

(1)这样的问题甚至小学生都懂。

(2)天气热得甚至连觉也睡不着。

连词"甚至"用在第二分句的开头,起强调作用。例如:

(3)他没有到国外旅行过,甚至在国内也很少旅行。

(4)他经常做美梦,甚至在梦中解出了数学难题。

2. 究竟

"究竟"是一个语气副词,主要是用在问句里,表示进一步追

问。多用于书面语。例如:

(1)究竟你去还是他去?

(2)你究竟打算学什么专业?

(3)这究竟是怎么回事?

"究竟"还经常用在"是"字句里,起强调语气。例如:

(4)他究竟是研究历史的,历史方面的知识真丰富。

(5)究竟是春天了,天气一天比一天暖和。

3. 必然

"必然"表示情理上肯定是这样。有以下用法:

a. 必然(+的)+N

～(的)结果　　～(的)联系

b. 必然+V/A

～喜欢　　～高兴　　～进步

c. 必然+能愿动词(限于"会、要、得(děi)")

～会(发生问题)　　～要(产生这种反映)

～得(来找你)

4. 反映

"反映"是一个书面语词,常用于完成时,句型是:

a. "A 反映了 B",A 和 B 一般都是复杂的名词词组。例如:

(1)这部小说反映了人们追求美好生活的愿望。

(2)这些建筑反映了中国的古代文化。

b. "A 向 B 反映……",A 和 B 是指人的名词或代词。例如:

(3)他向老师反映了这个情况。

(4)我们把这个情况向老师反映了。

5. 因……而……

"因"是"因为"的意思,介绍出原因,"而"把"原因"和相应的结果连接起来。例如:

(1)她因吃甜食太多而胖了起来。

(2)大桥的建设不能因天冷而停下来。

6. 之

这是古汉语中的助词,用法和"的"差不多。常用的有:

梦中～梦　　无价～宝　　原因～一
千里～外　　意料～中

练　习

一、搭配词组:

1. 现实生活　　现实情况　　社会现实
2. 必然结果　　必然胜利　　历史的必然
3. 反映情况　　反映问题　　反映现实
4. 发表文章　　发表意见　　在报上发表
5. 美好的生活　美好的未来　美好的回忆

二、选词填空：

（一）现实　幻想　虚构　直接　必然　反映

1. 他的故事是____的，不是真的。

2. 谁也不能把____变成现实。

3. 作家只有了解生活，才能____生活。

4. 他看问题不____。

5. 如果我们把什么都想得非常美好，就____出问题。

6. 有事你____给我打电话。

（二）究竟　相反　显然　根据

1. 你这样说他____为什么？

2. 事实和你想的正好____。

3. ____科学家研究的结果，世界气候渐渐变暖。

4. 你这样批评他____没有道理。

5. 没有____的话最好不说。

（三）盼　迷　闭　滚　摔

1. 他____上眼睛，回忆白天发生的事。

2. 下雪天，路不好走，容易____倒。

3. 石头从山上____下来了。

4. 他最喜欢看足球赛，是个足球____。

5. 这几天他天天____信，今天终于有信来了。

三、完成句子：
1. 他每天从早到晚看书，_____。（甚至）
2. 这道数学题太难了，_____。（甚至）
3. 只要努力学习，_____。（必然）
4. 你的这个梦_____。（反映）
5. 我最近越来越胖，_____。（原因之一）
6. 他虽然同意了，可是_____。（显然）

六、造句：
甚至　　　因……而……　　　日常　　　根据
必然　　　直接

阅　　读

梦想成真

我是一个真正的美国人，我在大学学的专业是国际关系。大学毕业后，我在一家国际贸易中心工作，主要负责国际商业联系。

我是个有理想、有计划、做事认真的人。我的计划是第一年在国内工作，第二年在国外工作，取得在国外工作的经验，然后再回国读研究生。我在国际贸易中心工作的时间不多不少正好一年,同时我一直在找出国机会。我希望能去中国。

在我工作快满一年的时候,我的老板告诉我:他知道我的愿望,他可以给我介绍一个朋友,并给了我一份北京某公司的材料。我接过材料一看,原来这是一家国际贸易公司,真是太理想了。

我当时就拨通了北京的长途,把电话打到了这家公司,接电话的是公司的总经理,也就是我老板的那位朋友。

我们在电话里谈了很长时间,他对我很感兴趣,我也觉得在他的公司工作将大有用武之地。最后,他问我懂不懂汉语,我愣了。怎么回答呢?说我不会,那么去北京工作的事可能会有麻烦,所以,连忙表示我可以学。于是,我找了一家教汉语的学校开始了汉语学习。

后来怎么样了呢?我想不用说你也知道,因为我现在正为北京一家报纸写文章呢。标题就是"梦想成真"。

1. 梦想成真	mèngxiǎng chéngzhēn		The dream comes true.
2. 贸易	màoyì	(名)	trade

3. 拨	bō	（动）	dial
4. 长途	chángtú		long distance
5. 老板	lǎobǎn	（名）	boss
6. 用武之地	yòngwǔzhīdì		scope for one's abilities
7. 愣	lèng	（动）	speechless
8. 标题	biāotí	（名）	headline

黄粱美梦

古时候，一家旅店里来了一个年轻人。店主人安排他和一位道士住在一间屋子里，就忙着去蒸黄粱米饭。

年轻人进了屋子，躺在床上叹气。老道士觉得奇怪，就问他为什么叹气。年轻人回答说："人来到世界上，为什么这样穷？"老道士看了年轻人一眼，笑着说："穷有什么不好？你闻，黄粱米饭多香呀！"

年轻人说："我不喜欢黄粱米饭，我要作大官。吃上等的食品，穿上等的衣服，坐马车，看歌舞。过上等人的生活。"说完就想睡觉。

老道士慢慢从袋子里拿出一个枕头，对年轻

人说:"你枕上这个枕头睡一觉,就会得到你想要的。"

那年轻人接过枕头一看,是瓷的,两头有孔,觉得很奇怪,就放下枕头,枕上睡了。不一会儿,他就睡着了,还做了一个梦。梦见他枕的这个枕头的孔变大了,里面有光,他走了进去,枕头变成了一所漂亮的房子。后来,他作了大官,娶了美丽的妻子,吃着上等的饭菜,穿着上等的衣服,住在一所漂亮的房子里。一天,他坐着马车,走在大街上,非常得意。突然,马惊了,马车跑得飞快,街上的人都不见了,马车从山上冲下去了。年轻人大叫一声醒了。

旅店里的黄粱米饭还没熟,年轻人的美梦却醒了。年轻人用蒸一锅黄粱米饭的时间,做了一场好梦。

后来,人们用"黄粱美梦"这个成语来比喻不可能实现的梦想。

1. 黄粱　　　huángliáng　　（名）　　millet
2. 道士　　　dàoshi　　　　（名）　　Taoist priest
3. 蒸　　　　zhēng　　　　 （动）　　steam
4. 穷　　　　qióng　　　　 （形）　　poor

5. 闻	wén	（动）	smell	
6. 上等	shàngděng	（形）	first-class	
7. 枕	zhěn	（动）	pillow	
8. 枕头	zhěntou	（名）	pillow	
9. 瓷	cí	（名）	porcelain	
10. 孔	kǒng	（名）	slot	
11. 娶	qǔ	（动）	marry	
12. 惊	jīng	（动）	stampede (rush horse)	
13. 冲	chōng	（动）	dash	

第六十五课

生　　词

1. 柜台　　　　guìtái　　　　（名）　　counter
2. 顾客　　　　gùkè　　　　（名）　　customer
3. 挑选　　　　tiāoxuǎn　　　（动）　　choose
4. 忙碌　　　　mánglù　　　　（形）　　busy
5. 播放　　　　bōfàng　　　　（动）　　broadcast
6. 歌曲　　　　gēqǔ　　　　（名）　　song
7. 轻轻　　　　qīngqīng　　　（副）　　lightly
8. 流　　　　　liú　　　　　（动）　　flow
9. 无意　　　　wúyì　　　　（形）　　accidentally
10. 愁苦　　　chóukǔ　　　　（形）　　distress
11. 面孔　　　miànkǒng　　　（名）　　face
12. 光彩　　　guāngcǎi　　　（名、形）　lustre (of the eyes)
13. 泪珠　　　lèizhū　　　　（名）　　teardrop

14. 默默	mòmò	（副）	quietly
15. （一）角	(yī)jiǎo	（名）	corner
16. 似乎	sìhū	（副）	seem
17. 忘记	wàngjì	（动）	forget
18. 招	zhāo	（动）	beckon
19. 和气	héqì	（形）	polite
20. 叔叔	shūshu	（名）	uncle
21. 不禁	bùjīn	（副）	can't help
22. 解释	jiěshì	（动）	explain
23. 紧紧	jǐnjǐn	（副）	closely
24. 盯	dīng	（动）	fix one's eyes on
25. 醉	zuì	（动）	drunk
26. 骂	mà	（动）	accuse
27. 良心	liángxīn	（名）	conscience
28. 坏蛋	huàidàn	（名）	scoundrel; bad egg
29. 金钱	jīnqián	（名）	money
30. 难过	nánguò	（形）	feel sad
31. 眼泪	yǎnlèi	（名）	tear
32. 递	dì	（动）	hand over

课 文

买幸福的小女孩

柜台外,顾客在挑选商品。柜台内,我忙忙碌碌。录音机里播放着流行歌曲,那优美的歌声,像小河的水轻轻地流着。

无意中,我从顾客中间,发现了一张愁苦的面孔,那是一个大约五六岁的瘦瘦的小女孩,没有光彩的大眼睛下边还挂着泪珠。她默默地站在大门口的一角,似乎像是一颗被人忘记的小草。

我向她招招手。

她慢慢地走近了柜台。

"小朋友,你买什么?"我和气地问。

"阿姨,有幸福卖吗?"

"买幸福?"我感到奇怪。

"刚才我在门外,听几个叔叔阿姨说,他们在这儿买到了幸福。"小女孩认真地说。

"啊,原来是这样!"我不禁轻轻地笑起来,向她解释说:"他们在和你开玩笑,这里是卖结婚用品的商店。"

"那为什么叫幸福商店?"小女孩紧紧盯住我问。

不错,我们这儿是叫幸福商店,我不知道怎样回答她才好。

"阿姨,我爸爸天天喝酒,醉了就骂妈妈没有良心,骂那个和妈妈结婚的人是个大坏蛋,用金钱买走了幸福。"小女孩难过地落下了眼泪。

我默默地看着小女孩,一句话也说不出来。

"阿姨,卖一个幸福给我吧,让我送给爸爸。"

小女孩哭着对我说,接着递给我一张早就准备好了的一角钱。

词语例解

1. 好像

表示"有点儿像",能够和"一样""似的"连用。例如:

(1)他好像是个日本人。

(2)天气真不错,好像春天一样。

(3)小姑娘站在门口,好像被人们忘记了似的。

2. 原来

a. 表示"以前",例如：

(1) 我改变了原来的想法。

(2) 他还住在原来的地方。

b. 表示发现了以前不知道的情况。常用在"是"前。例如：

(3) 原来是这样！

(4) 原来是小李帮他修好了自行车。

3. 开玩笑

常用的格式有：

a. A 和 B+"开玩笑"

　他们经常和我开玩笑。

b. 开……的玩笑

　开我的玩笑　　开他的玩笑　　开父母的玩笑

c. 开起玩笑来

　他们和老师开起玩笑来了。

4. 不禁

"不禁"是一个副词,由它修饰的动词常常带"起来""出来""下来"等补语。例如：

(1) 听到他的话,我笑得不禁流出泪来。

(2) 见到多年未见的老朋友,她高兴得不禁跳了起来。

(3) 音乐会结束了,大家不禁热烈地鼓起掌来。

(4) 读了"小女孩买幸福"的故事,我不禁流下眼泪来。

5. 不错

"不错"单独使用,表示确认,肯定对方的话。例如:

(1) 不错,他是这么说的。

(2) 不错,今天是星期二。

"不错"还常和"很"一起用,"很不错"是"很好"的意思。例如:

(3) 他的中文说得很不错。

(4) 你画的这幅画真的很不错。

6. 接着

表示动作连续发生。可以用在名词前,也可以用在动词前。例如:

(1) 问题一个接着一个地都解决了。

(2) 他先介绍了那个学校的情况,接着大家又问了许多问题。

(3) 你说完了我接着说几句。

练　　习

一、搭配词组:

1. 挑选水果　挑选商品　挑选运动员
2. 播放音乐　播放节目　播放新闻
3. 默默工作　默默无闻　默默记在心里

4. 解释原因　解释问题　解释解释

二、选词填空：

(一) 挑选　播放　无意　似乎　解释　难过

1. 顾客____着各种商品。
2. 他声音大得____忘了自己是在图书馆。
3. 对不起，我是____的。
4. 你不要____，我不听。
5. 收音机里正在____外国轻音乐。
6. 听到朋友不幸去世的消息，我很____。

(二) 轻轻　　默默　　紧紧

1. 小女孩____地拉着大人的手不放。
2. 他把箱子____地放在地上。
3. 看着远去的亲人，他____地站了很久。

(三) 流　招　盯　醉　递　落

1. 他难过得____下了眼泪。
2. 请你把报纸____给我。
3. 小姑娘____着柜台里的花衣服看了半天，好像很喜欢。
4. 在火车站，一个人向我____手，可是我不认识他。
5. 他喝了很多酒，____得很厉害。
6. 太阳____了，天渐渐黑了。

三、完成句子：

1. 听到弟弟考上大学的好消息，_____。
（不禁）

2. 因为今天晚上要参加比赛，她_____。
（不禁）

3. 你别生气，我们_____。（开玩笑）

4. 这位同学太活泼了，他敢_____。
（开……的玩笑）

5. 这些老朋友见面后，不一会儿_____。
（开起玩笑来）

6. 下课后，我先去了图书馆，_____。
（接着）

7. _____，就一个人走了。（解释）

8. 我看这俩人很熟，_____。（似乎）

四、造句：

渐渐　默默　轻轻
紧紧　连连　原来
不禁　似乎　不错
好像　开玩笑

阅　　读

孙女和她的后妈

我的儿媳五年前生病去世了,留下了一个九岁的孙女。后来孙女上中学了,儿子又结了婚。

可是,孙女和后妈的关系不好。不久,孙女就离开自己的家来到我这里,哭着说:"奶奶,我不去那个家了,就跟你一起生活。要是有困难,我就不上学。"我也流下了泪,把孙女紧紧搂在怀里。

过了些日子,我和老伴商量,还是把孙女送到新妈那边去。但不久,他们又有了矛盾,孙女第二次回到我身边。儿子很生气,说女儿不懂事。孙女呢,觉得"没有亲妈的孩子太可怜"。

一天晚上,我发现孙女一个人在偷偷地哭,就走过去问:"是不是想爸爸啦?"她哭得更厉害了:"妈妈生病的时候,告诉我要好好照顾爸爸,还要让爸爸少喝酒,少抽烟,可现在……""是啊,"我说:"你不在爸爸身边,怎么照顾爸爸呢?"孙女低下了头。我又说:"星期天,咱们一起去看爸爸,好吗?"孙女点头答应了。

星期天早上,到儿子家的时候,他们去买菜还没回来。我有钥匙,开了门。一进门孙女就急忙看厨房,看卧室,看爸爸的书桌……大概一切都满意了,才坐到了我身边。

儿子的家干干净净、整整齐齐,让人觉得很舒服,我也很满意。我摸着孙女的头发说:"看看这里,你放心了吧?"孙女点了点头。我又说:"新妈把家收拾得这么好,你怎么不要这个家呢?你是中学生了,应该像大人一样和新妈一起生活……"

正说着,儿子、儿媳回来了。儿媳一边给我倒茶,一边拿出一套新衣服,走到孙女面前说:"孩子,这是我给你买的新衣服,一会儿试试,看合适不合适。"停了一会儿,又说:"爷爷奶奶岁数大了,身体又不好,你有什么事还是让我做吧,你的衣服我来洗吧。"

我看见孙女低下了头,接着眼泪也流了下来,她不好意思地喊了声"妈——!我不走了。"

看着眼前的情景,我心上的一块石头落了地。

1. 后妈　　　hòumā　　　(名)　　step-mother
2. 儿媳　　　érxí　　　　(名)　　daughter-in-law

3. 矛盾	máodùn	（名）	contradiction
4. 懂事	dǒngshì	（形）	thoughtless
5. 亲	qīn	（形）	blood relation
6. 可怜	kělián	（形）	poor
7. 偷偷	tōutōu	（副）	Secretly, Stealthily
8. 钥匙	yàoshi	（名）	seeretly
9. 卧室	wòshì	（名）	bedroom
10. 书桌	shūzhuō	（名）	desk
11. 摸	mō	（动）	gentle stroke
12. 大人	dàrén	（名）	adult
13. 情景	qíngjǐng	（名）	scene

我家依然幸福美满

我有一个幸福美满的家。爸爸是一个工厂的厂长,妈妈是个商场经理,我呢,已经上中学了,还是个班长。同学跟我开玩笑:"你们家都是官,谁管谁啊?"

大家都认为我家很美满,以前我也这样认为,可是有一天,我意外地听到爸爸妈妈的一次谈话。

爸爸严肃地说:"我问你,小红是不是老张的,你要讲实话。"

我简直不能相信这是爸爸说的话,我多么希望妈妈生气,发脾气,甚至打爸爸。

过了一会儿,妈还没回答,我都快急死了。忽然,我听到妈妈的哭声,接着,又听到了妈妈肯定的回答。

爸爸不是我的亲爸,这一点他在我两岁时就怀疑了。可是他认为这也没什么,因为他觉得妈妈很爱他,这就够了。我不明白,十五年过去了,现在怎么又提起了呢?

原来,爸爸发现他十几年前就怀疑的那个人,现在仍然是妈妈的恋人。妈妈,这么多年了,你为什么一直不把实话告诉爸爸?你要知道,爸爸是世界上最好的爸爸。

妈妈把实话全说了。屋里安静极了。过了一会儿,爸爸说:"这么多年都过去了,我本来不会再问,但是你一直把我当傻瓜,我很生气。今天你说了实话,你选择吧,如果你跟他走,我们就离婚。"

什么?离婚!太可怕了。我跑进屋里,大声说:"不能离婚!爸爸,妈妈不是说实话了吗?"又对妈妈说:"妈妈,难道你真的要跟他走吗?要离婚,我跟爸爸,你永远没有这个女儿!"

我跑进屋子,爸很吃惊,妈更是不好意思,她抓住我的手,大声哭了起来:"孩子,我不能没有你们父女俩。"听了妈妈的话,我转过身,哭着,喊着爸爸。我看见爸爸也流出了泪。爸爸对我说:"过去的事,只要写个句号就结束了。你是个好孩子,爸爸特别喜欢你。"

以后的几天,妈妈总是不说话,不停地干活,爸爸也总帮妈妈干。慢慢地,妈妈脸上有了笑容。前天,妈妈给爸爸买了一套西装,很合适,爸爸很高兴。现在,我们家依然那么幸福美满。我从心里说:"爸爸,你真好!"。

1. 依然　　yīrán　　　（副）　still
2. 班长　　bānzhǎng　（名）　monitor
3. 官　　　guān　　　（名）　official
4. 管　　　guǎn　　　（动）　be in charge
5. 意外　　yìwài　　　（名、形）unexpected
6. 严肃　　yánsù　　　（形）　serious
7. 实话　　shíhuà　　 （名）　truth
8. 肯定　　kěndìng　　（形）　definite
9. 怀疑　　huáiyí　　　（动）　suspicious

10. 傻瓜	shǎguā	（名）	fool
11. 吃惊	chī jīng		surprise
12. 句号	jùhào	（名）	full stop, period
13. 干活	gàn huó		work
14. 笑容	xiàoróng	（名）	smile

第六十六课

生　　词

1. 村庄　　cūnzhuāng　　（名）　village
2. 村子　　cūnzi　　（名）　village
3. 围　　wéi　　（动）　surround
4. 将军　　jiāngjūn　　（名）　general
5. 高声　　gāoshēng　　　　loudly
6. 喊　　hǎn　　（动）　cry
7. 命令　　mìnglìng　　（动）　order
8. 抓　　zhuā　　（动）　arrest
9. 行礼　　xínglǐ　　　　salute
10. 宣读　　xuāndú　　（动）　read out
11. 犯　　fàn　　（动）　commit
12. 罪　　zuì　　（名）　crime
13. 所有　　suǒyǒu　　（形）　all
14. 杀　　shā　　（动）　kill

15. 相信	xiāngxìn	(动)	believe	
16. 亲自	qīnzì	(副)	oneself	
17. 祭	jì	(动)	offer a sacrifice to	
18. 神	shén	(名)	god	
19. 牌位	páiwèi	(名)	memorial tablet	
20. 果然	guǒrán	(副)	as expected	
21. 当天	dàngtiān		the same day	
22. 改	gǎi	(动)	change	
23. 从此	cóngcǐ	(连)	from this time on	
24. 由来	yóulái	(名)	origin	
25. 所谓	suǒwèi	(形)	what is called	
26. 民间	mínjiān	(名)	folk	
27. 遍地	biàndì	(副)	everywhere	
28. 到底	dàodǐ	(副)	after all	
29. 姓氏	xìngshì	(名)	surname	
30. 启蒙	qǐméng	(动)	initiate	
31. 读本	dúběn	(名)	textbook	

专　　名

1. 季	Jì		*surname*
2. 张	Zhāng		*surname*

3. 李	Lǐ	*surname*
4. 司马	Sīmǎ	*surname*
5. 诸葛	Zhūgě	*surname*
6. 赵	Zhào	*surname*
7. 刘	Liú	*surname*
8. 百家姓	Bǎijiāxìng	*name of a book*

课　文

（一）我们都姓季

很久很久以前，有一个村庄，全村人都姓李。有一天，忽然来了几百个士兵把村子围住了，一个将军高声喊："姓李的都出来！"喊了几声，没有一个人出来。将军非常生气，命令士兵进村抓人。这时候，走来一个读书人，是这个村的秀才。他向将军行了个礼，然后问："将军到我们村来，不知有什么事？"将军向他宣读了皇帝的命令，命令说：有一个姓李的大官犯了罪，他的全家和所有姓李的人都要杀头。李秀才笑着说："将军您弄错了，我们村没有一个姓李的，我们都姓季！"将军不相信，亲自到每家去看祭神的牌位,果然都写着"季",将军只好带着士兵们走了。

原来,在前一天晚上,李秀才就听到皇帝要杀姓李的人这个消息。当天晚上,他在每家祭神牌位上的"李"字上都加了一撇,把"李"字改成了"季"字。从此以后,这个村的人都姓季了,传说这就是"季"姓的由来。

(二)中国人的姓

中国人的姓有单姓和复姓之分。单姓就是姓用一个汉字表示,如:张、王、李等,复姓就是姓用两个或两个以上的汉字表示,如:司马、诸葛等。中国有五个大姓,所谓大姓,就是姓那五个姓的人特别多。哪五个大姓呢?有一句流传在民间的话说:"张、王、李、赵遍地流(刘)。"非常形象地回答了这个问题。中国到底有多少个姓呢?很早以前,有一本关于姓氏的小学生启蒙读本,叫做《百家姓》。《百家姓》里收了中国人的五百多个姓,但是实际上,中国人的姓有上千个。

词 语 例 解

1. 弄

代表某些不容易说得太具体的动作,常带有补语。例如:

(1)他把我的新自行车弄丢了。

(2)我真弄不明白他为什么到现在还没来。

(3)你弄错了,我不是日本人,我是中国人。

2. 亲自

用在动词前,表示因重视而自己直接去作。例如:

(1)你应该亲自给她打电话。

(2)系主任亲自陪客人参观。

(3)这件事必须我亲自去联系。

3. 果然

表示事实和所预料的一样。例如:

(1)他说的果然是真的。

(2)大家都说这个电影很好,看了以后果然不错。

(3)他说晚上来找我,果然晚饭后就来了。

4. 从此

表示从所说的时间起。例如:

(1)她回国后一直没来过信,从此我们失去了联系。
(2)他买了一辆新汽车,从此就方便多了。

5. 所谓

用在需要解释的词语前,后面接着解释。例如:
(1)所谓大姓,就是姓那个姓的人特别多。
(2)所谓朋友,就是能够互相帮助的人。

6. 到底

"到底"有三个意思,前两个意思和"究竟"相同。
a. 用在问句里,口语里常用。例如:
(1)你到底要干什么?
(2)今天到底是星期几?
b. 用在"是"字前,表示强调。例如:
(3)到底是个孩子,这些事情他还不太懂。
(4)到底是秋天了,天气渐渐凉了。
c. 相当于"终于",表示经过很长时间后出现某种结果。例如:
(4)我想了很久,到底明白了。
(5)经过多年的努力,他到底成了著名的书法家了。

7. 关于

"关于+宾语"后,在句中有两个位置:
a. 用在主语前作状语
(1)关于"季"姓的由来,我以前从来没听说过。
(2)关于中国经济发展的情况,他向我们作了介绍。

b. 用在动词后、名词前,作定语,名词前要用"的"。
(3)我买了一本关于中国古代史方面的书。
(4)他们正在讨论关于期终考试的问题。

8.上(千)

"上"在这里是"够""达到"的意思。后边用数词"百""千""万"等。例如:
(1)我们学校有上万名学生。
(2)买一件衣服得上百块(钱)。

练 习

一、搭配词组:
1. 下命令　　服从命令　　命令别人
2. 相信别人　相信自己　　相信事实
3. 亲自去　　亲自动手　　亲自挑选
4. 民间故事　民间音乐　　民间传说

二、选词填空:

(一)围 抓 犯 祭 改 弄

1. 过去,农民用_____神来盼丰收。
2. 上课的地点_____了。
3. 许多人_____在那里,不知道他们看什么。

4. 你_____了什么罪?

5. 他们为什么要_____你?

6. 你去_____点吃的来。

(二)所谓 遍地 从此 果然 到底

1. 你_____想不想去旅行?

2. _____京城就是首都。

3. 老师的教育给了他很大鼓舞,_____他努力学画,成了一位有名的画家。

4. 当他来到北方大草原一看,_____都是牛羊。

5. 颐和园_____是一座美丽的公园。

(三)亲自 由来 关于

1. 这件事你必须_____去做,别人都不了你的忙。

2. _____祭神,在中国民间有许多故事。

3. 你能讲讲春节的_____吗?

三、辨词填空:

流传 传说

1. 在民间,_____着许多美丽动人的故事。

2. _____北京早先是一片海水。

3. 她最爱听民间_____。

4. 牛郎织女的故事在中国_____得很广。

四、完成句子：

1. 我的朋友要过生日了，＿＿＿＿＿＿＿＿＿＿。（亲自）
2. 开学那天，＿＿＿＿＿＿＿＿＿＿＿＿。（亲自）
3. 广东菜在中国很有名，＿＿＿＿＿＿＿＿。（果然）
4. 他说八点一定到，＿＿＿＿＿＿＿＿＿＿。（果然）
5. 他开学后每天坚持锻炼身体，＿＿＿＿＿＿＿＿＿＿＿＿。（从此）
6. 在一次晚会上，他们一起跳了舞，＿＿＿＿＿＿＿＿＿＿＿＿。（从此）
7. ＿＿＿＿＿＿＿＿＿＿＿，我从来没听说过。（关于）
8. 同学们正在讨论＿＿＿＿＿＿＿＿＿＿。（关于）

五、造句：

所谓　　关于　　由来
到底　　果然　　当天

阅　　读

中国人的名字

中国人取名字没有什么讲究，主要靠他们父母的想像力。

过去,许多农村的孩子都叫小猪、小狗什么的,意思是养孩子像养小猪、小狗一样容易。后来叫"福""贵"的人多了,那是父母希望孩子生活好,有饭吃。女孩子呢,名字中常有"兰"字,表示她们像兰花一样美丽。

后来,名字跟政治有了关系。叫"国""红""东"的人多了起来,表示国家独立,东方红了。

一九七六年以后,名字又有了新变化。这个时期生的女孩子,多叫"春"、"丽"、"梅"、"芳"等等,这些字都有美、静的意思,能充分表示女孩子的特点。男孩子的名字自然要表示男子的阳刚之美,像"强""涛""钢""飞"等字,都有这个意思。

最有意思的是,经济改革以后,叫"富""勤""发"的人多起来了。从名字上能看出中国人对发展经济、提高生活水平的愿望。

据说,中国共有一千多个姓,但是百分之九十五的人只用其中的一百个姓,而且一半的人只用十四个最常见的姓。其中张、王、李、赵四大姓,每个姓大约就有几千万人在使用。这说明取名字时丰富的想像力多么重要。

1. 想像力　　xiǎngxiànglì　　(名)　　imagination

2. 猪	zhū	（名）	pig
3. 狗	gǒu	（名）	dog
4. 福	fú	（形）	happiness
5. 贵	guì	（形）	valuable
6. 兰花	lánhuā	（名）	orchid
7. 时期	shíqī	（名）	period
8. 梅	méi	（名）	plum
9. 芳	fāng	（形）	fragrant
10. 充分	chōngfèn	（副）	fully
11. 阳刚	yánggāng	（形）	masculine
12. 强	qiáng	（形）	strong
13. 涛	tāo	（名）	sea wave
14. 钢	gāng	（名）	steel
15. 据说	jùshuō		It's said that……
16. 一半	yībàn	（名）	half
17. 常见	chángjiàn		common
18. 使用	shǐyòng	（动）	use

三次改姓

从前有一个姓何的人，三十多岁了，父母还没给他娶媳妇。他很着急，可是又不想直接说这件事，就对父母说："我不姓何了，改姓'可'吧！"

父母感到奇怪,说:"姓怎么能改,难道你不喜欢我们这个家?"他回答:"我身边少一个人啊!"父亲一下子明白了儿子的意思,答应马上给他找媳妇。

找了好几年,媳妇还没找到。他又着急了,就对父亲说:"我不姓可了,姓'丁'吧!"父亲问他为什么,他说:"你们的口,说了话不算数,所以我不要'可'字里面的'口'字了。"

又过了几年,他还没有结婚,他再也受不了了,生气地对父亲说:"姓何的身边少一个人,我改姓可;可字少了说话不算数的口,我改姓丁;现在我连丁字里的丁勾也不要了,改姓'一',你们不是希望我一个人生活一辈子吗?"

1. 何　　　　Hé　　　　　(名)　　surname
2. 媳妇　　　xífu　　　　 (名)　　wife
3. 丁　　　　Dīng　　　　(名)　　surname
4. 算数　　　suànshù　　 (名)　　count
5. 受不了　　shòubuliǎo　　　　　can't bear
6. 勾　　　　gōu　　　　 (名)　　a stroke in Chinese character
7. 一辈子　　yībèizi　　　　　　 all one's life

第六十七课

生　词

1. 年代　　niándài　　（名）　age; years
2. 荷花　　héhuā　　（名）　lotus
3. 银元　　yínyuán　　（名）　silver dollar
4. 群　　　qún　　　（量）　group
5. 大都　　dàdōu　　（副）　mostly
6. 改善　　gǎishàn　　（动）　improve
7. 拼命　　pīnmìng　　　　　with all one's might
8. 补贴　　bǔtiē　　（名）　subsidy
9. 力量　　lìliàng　　（名）　force
10. 有限　　yǒuxiàn　　（形）　limit
11. 分为　　fēnwéi　　　　　divide
12. 磨　　　mó　　　（动）　rub against
13. 墨　　　mò　　　（名）　inkstone

14. 倒	dào	（动）	pour
15. 脸盆	liǎnpén	（名）	washbasin
16. 调皮	tiáopí	（形）	naughty
17. 脱	tuō	（动）	take off
18. 屁股	pìgu	（名）	hip, bottom
19. 抹	mǒ	（动）	spread
20. 宣纸	xuānzhǐ	（名）	Xuan paper
21. 荷叶	héyè	（名）	lotus leaf
22. 笑眯眯	xiàomīmī		smilingly
23. 题	tí	（动）	inscribe
24. 幅	fú	（量）	*mearsure word*
25. 便	biàn	（副）	as a result
26. 印章	yìnzhāng	（名）	seal
27. 宝库	bǎokù	（名）	treasure house
28. 闪闪发光	shǎnshǎn fāguāng		sparkle
29. 使用	shǐyòng	（动）	make use of
30. 形成	xíngchéng	（动）	take shape
31. 独特	dútè	（形）	unique
32. 充分	chōngfèn	（形）	full
33. 体现	tǐxiàn	（动）	reflect
34. 按照	ànzhào	（介）	according to
35. 区别	qūbié	（动）	distinguish
36. 螃蟹	pángxiè	（名）	crab

37. 虾	xiā	（名）	shrimp
38. 不朽	bùxiǔ	（形）	immortal
39. 传世之作	chuánshìzhīzuò		work handed down from generation to generation

课　文

（一）坐　画

　　三十年代,画家齐白石画虾和荷花已经很有名了。当时,他的一张画可以卖到两块银元。跟齐先生学画的一群孩子,大都生活困难。为了改善孩子们的生活,为他们学画创造条件,齐先生拼命画画儿来补贴学生。可是,一个人的力量总是有限的,齐先生想出一个办法。他把学生分为两个班,一个班去卖画,一个班在家磨墨,磨好的墨倒在一个大脸盆里。再叫两个调皮的学生脱去裤子,在他们的屁股上抹上墨,让他们在放好的宣纸上坐,坐一下,纸上就印下两个黑荷叶。两个孩子每次可以坐出一二十张。这时,齐先生就笑眯眯地提起笔,在坐出的黑荷叶上迅速地画上几笔,两朵荷花就出现了。接着齐先生再题上两句诗,一幅荷花便画成了,盖上印章,让学生拿出去卖,很快就卖光了,学生们把这种画叫做"坐画"。

(二)中国画

中国画是东方文化的骄傲,也是世界艺术宝库中一颗闪闪发光的明珠。画中国画使用中国式传统工具、材料,形成了独特的传统表现形式,充分体现了民族的精神。按照表现对象区别,可分为人物画、山水画、花鸟画等几类。齐白石大师画的画儿,以花鸟画为最著名。他的螃蟹、墨虾都是不朽的传世之作。

词语例解

1. 当时
"当时"的意思是"在那个时候",用于叙述过去的事情,用在主

语前后都可以。例如:
  (1)他的父亲去世很早,当时他才八岁。
  (2)她在晚会上开我们的玩笑,当时弄得我们很不好意思。
  (3)我当时就不同意你们的意见。

2. 动词+为
  "动词+为"后必须带宾语,"变、改、发展、翻译"等表示经过动作后,成为宾语的状况。例如:
  (1)几年不见,她已经变为一个大姑娘了。
  (2)这个工厂原来很小,现在已经发展为有一千多人的大工厂了。
  (3)那个英文电影被翻译为中文的了。

3. 便
  意思相当于"就"。"就"用于口语,"便"用于书面语。例如:
  (1)他十八岁起便开始学习中文。
  (2)我去书店买完书便回家了。
  (3)你看完便明白了。

4. 使用
  "使用"是书面语,用法主要有两种:
  a. 使用+N(双音节词或带修饰语的词组)
      ～传统工具 ～这种办法 ～字典 ～中文
  b. V+使用

喜欢～　　停止～　　加以～　　不知道怎么～

5. 按照

"按照……"一般用在主语后,动词前,有时也可以用在主语前。"按照"后的宾语是复杂形式。例如:

(1)他按照计划完成了设计。

(2)按照医生的意见,我戒了烟。

6. 以……为……

"以"后的成分一般是名词,"为"后的成分可以是名词,也可以是形容词。例如:

(1)我们班的同学以他的个子为最高。

(2)他以山水为题材画画儿。

(3)北京的天气以秋季为最舒服。

练　习

一、搭配词组:

1. 改善生活　改善条件　改善关系
2. 时间有限　力量有限　条件有限
3. 使用毛笔　使用工具　使用方法
4. 时间充分　道理充分　理由充分

二、选词填空：

(一)群 磨 脱 抹 便 盖 幅

1.他把刀____得非常快。

2.北京新____了不少大楼。

3.他____下鞋过河。

4.我走了不一会儿____到了学校。

5.他____去脸上的泪水,紧紧抓住丈夫的手。

6.一____孩子冲到猴山前,望着满山猴子高兴极了。

7.他画了一____山水画。

(二)改善 使用 区别 形成 体现

1.农村改革以后,农民的生活有了很大____。

2.空气的流动____了风。

3.人和动物的____是人能创造工具。

4.长城____了中国人民的智慧和力量。

5.你应该把机器的____方法告诉大家。

(三)有限 调皮 充分 独特

1.人的生命是____的。

2.他有着____的性格。

3.他小时候很____。

4.这个问题要____地讨论。

三、完成句子：
1. 现在我明白你的意思了，可是，_____。（当时）
2. 他不同意这个作法，_____。（当时）
3. _____，我每天看半个小时电视，果然我的听力水平提高了。（按照）
4. 这些建筑是_____。（按照）
5. 这部小说已经被_____。（V+为）
6. 我们几个人学习汉语的目的是_____。
（以……为……）

四、造句：
分为　　按照　　使用
体现　　区别　　以……为……

阅 读

外交官夫人学中国画

在北京的一座四合院里，住着一位年过半百的女画家。在她家里，几位洋夫人正在跟她学中国画。原来她们几位是外国驻华外交官的夫人。

四年前,一位比利时外交官的夫人在一个偶然的机会认识了这位中国女画家。当她表示对中国画很有兴趣,并希望学画中国画时,女画家收下了这位洋学生。在画家的指点下,这位洋学生进步很快。于是,学生也由一个增加到好几个。

洋学生走进了中国画的艺术大门。他们不但学到了中国绘画的技巧,还体会到了中国文化艺术的精神魅力。她们在中国画家家里喝着中国茶,听着中国音乐,一边欣赏中国画,一边学画中国画,常常画到很晚才离去。她们和中国画家结下了深厚的友谊。

一九九三年,她们的六十幅作品参加了中外女画家画展,受到了中外观众的称赞。

1. 外交官	wàijiāoguān	(名)	diplomat
2. 四合院	sìhéyuàn	(名)	a compound with houses around a courtyard
3. 洋	yáng	(形)	foreign
4. 驻	zhù	(动)	stay
5. 偶然	ǒurán	(形)	by chance
6. 比利时	Bǐlìshí		Belgium

7. 指点	zhǐdiǎn	（动）	instruct
8. 绘画	huìhuà	（动）	paint
9. 技巧	jìqiǎo	（名）	skill
10. 魅力	mèilì	（名）	charm
11. 欣赏	xīnshǎng	（动）	appreciate
12. 结	jié	（动）	forge, form
13. 深厚	shēnhòu	（形）	deep
14. 称赞	chēngzàn	（动）	praise

吴昌硕看京剧

吴昌硕是中国有名的画家。他七十岁时定居上海。不久,京剧艺术家梅兰芳正好到上海演出。吴昌硕看后,十分欣赏他演的角色,说是画上的美女走下来了。

几年后,梅兰芳又到了上海。演出前,他去看吴昌硕。吴昌硕高兴极了,就画了一幅梅花送给梅兰芳,梅兰芳十分高兴。

吴昌硕看了梅兰芳的《霸王别姬》,有人问他:"听得懂唱的是什么吗?"吴说:"听不太明白,只是觉得很美"。又问他:"虞姬很美,可那霸王美在哪里呢?"吴说:"你看霸王的脸,画得像工笔画,丑中见美,英雄与美人,不是太美了吗?"

原来,吴昌硕喜欢看京剧,不太注意唱什么,而是用画家的眼光看京剧。

1. 吴昌硕　　Wú Chāngshuò　　　　　*a famous painter*
2. 定居　　　dìngjū　　　　（动）　settle down
3. 梅兰芳　　Méi Lánfāng　　　　　Mei Lanfang
4. 角色　　　juésè　　　　（名）　role
5. 美女　　　měinǔ　　　　（名）　beauty
6. 梅花　　　méihuā　　　　（名）　plum
7. 霸王别姬　Bàwáng Bié Jī　　　　the Conqueror bid farewell to Yuji
8. 虞姬　　　Yú Jī　　　　　　　　imperial concubine
9. 霸王　　　Bàwáng　　　　　　　Xiang Yu the Conqueror
10. 工笔画　　gōngbǐhuà　　（名）　traditional Chinese realistic painting
11. 英雄　　　yīngxióng　　（名）　hero
12. 眼光　　　yǎnguāng　　 （名）　insight

第六十八课

生　　词

1. 玩具　　　wánjù　　　　　（名）　　toy
2. 影响　　　yǐngxiǎng　　　（名、动）influence;affect
3. 动物学家　dòngwùxuéjiā　（名）　　biologist
4. 暂时　　　zànshí　　　　　（形）　　temporary
5. 放弃　　　fàngqì　　　　　（动）　　give up
6. 有趣　　　yǒuqù　　　　　（形）　　interesting
7. 新奇　　　xīnqí　　　　　（形）　　strange
8. 锁　　　　suǒ　　　　　　（动）　　lock
9. 值班　　　zhí bān　　　　　　　　　be on duty
10. 严格　　yángé　　　　　（形）　　strict
11. 思想　　sīxiǎng　　　　（名）　　thought
12. 活跃　　huóyuè　　　　（形）　　active
13. 建设　　jiànshè　　　　（动）　　construct
14. 爱情　　àiqíng　　　　　（名）　　love

15. 态度	tàidù	（名）	attitude
16. 对方	duìfāng	（名）	the other side
17. 吸引	xīyǐn	（动）	attract
18. 交流	jiāoliú	（动）	exchange
19. 广泛	guǎngfàn	（形）	extensive
20. 友谊	yǒuyì	（名）	friendship
21. 深厚	shēnhòu	（形）	deep

专　名

湖北	Húběi	Hubei province

课　文

熊猫把我带到了中国

　　我三岁的时候，父母给我买了一个玩具熊猫。那个熊猫很大，比当时的我还大。连我父母也没想到，这个熊猫对我以后的生活有多大的影响。我母亲是动物学家，受她的影响，我从小就喜欢动物，决心长大了到中国研究熊猫。

十年以后,我暂时放弃了所有的兴趣和爱好,努力学习中文。我在美国的一所大学学习了一年,虽然那里的大学生活很有趣,但是那里满足不了我对学习中文的要求,我决定马上到中国学习。

我进了湖北大学历史系,一个喜欢笑的中国姑娘跟我住同屋,和她在一起,我很快就习惯了那里的环境和生活。

有很多事情让我感到新奇,学校有墙围着,大楼的门到晚上十一点锁起来,值夜班的人要求学生十一点以前都得回到自己的房间去。在美国,学校对学生没有这样严格的管理。

我认识的学生思想都很活跃。他们都很热爱自己的国家,很多学生把他们自己的理想和国家的建设联系在一起,所以他们都非常努力地学习。

中国的学生大部分对爱情的态度都很现实,希望从爱情发展到结婚。当然也有一少部分人在爱情的问题上比较浪漫。

在中国生活了一年,我觉得中国学生跟美国学生有很多不同的地方,也有很多相同的地方。我们都对对方的国家感兴趣,并且都愿意互相有更多的了解。中国开放以后,吸引了几百万中国人学习英语,也有越来越多的美国人在学习汉语,我们两国的交流越来越广泛,两国人民的友谊也越来越深厚了。

词 语 例 解

1. 受

"受"的主要意思是"接受",用法有两种:

a. 受＋N(N 一般是复杂的名词词组)

(1)他受过五年的大学教育。

(2)受父亲的影响,他也很喜欢书法。

b. 很＋受＋V(限于"教育、欢迎、感动"等)

(3)这种牌子的啤酒很受欢迎。

(4)他帮我做了那么多事,使我很受感动。

2. 影响

"影响"作为动词,用法是:

"影响"的宾语可以是名词、代词,也可以是动词。例如:

(1)你小声点儿,别影响大家。

(2)最近他身体不太好,影响了学习。

作为名词,"影响"可以做宾语,也可以作主语。跟它搭配的动词是"受""有""产生"等等。例如:

(3)她爱好音乐主要是从小受到一位老师的影响。

(4)父母对孩子的影响确实太大了。
(5)吸烟对健康有很大的影响。

3. 所有

a. 形容词"所有"加"的"后作定语。例如：
(1)所有的人都同意我的看法。
(2)他们在北京参观了所有的名胜古迹。
b. 名词"所有"用于书面语，作主语和宾语。例如：
(3)我的全部所有是两箱子书。
(4)我要尽(to give)我的所有帮助她。

练 习

一、搭配词组：
1. 影响学习　影响休息　受…影响
2. 严格要求　严格管理　要求严格
3. 吸引观众　吸引游客　吸引读者
4. 交流思想　交流经验　互相交流
5. 放弃学习　放弃机会　放弃工作

二、选词填空：

(一)新奇　活跃　深厚　严格　广泛
1. 他有一个____的想法。

2.老师对学生要求很____。
3.母子之间的感情是最____的。
4.她的思想很____,敢想敢做。
5.他写的书在国内外有____的影响。

(二)吸引　放弃　交流　影响　建设
1.环境对一个人的思想____很大。
2.他为了帮助落后山区改变面貌____了出国机会。
3.两国之间的经济往来和文化____有了很大发展。
4.那场足球比赛____了上万名球迷。
5.实行改革以后,中国____的速度大大加快了。

三、辨词填空:
对方　对面
1.____的力量比我们强得多。
2.银行____是一家书店。
3.我们不能接受____提出的条件。
4.____走过来一个人。

四、造句:
暂时　吸引　广泛
所有　严格　有趣

阅 读

未名湖带我来北大

到北京大学来进修,一方面是因为她在世界上非常有名,另一方面是因为她的校园景色优美,是个学习的好地方。

第一次来北大是去年这个时候。那是为了看望一位在北大学习的朋友。因为时间不多,所以只打算在朋友家呆一个小时。

但朋友说,到北大来,非参观参观校园不可。还记得她这么对我说:"参观之后,你一定不觉得是白白浪费了时间。"

当朋友带我踏进西校门的时候,我有一点似曾相识的感觉。看着校园内的湖水和湖边的垂柳,让我想起了我的母校——一所在设计上受中国园林风格影响的学校,想起了无忧无虑的大学生活。

我不是什么设计师,也谈不上对校园建筑有什么研究,我只是希望校园环境给人宁静舒畅的感觉。

北大校园,就能让我产生这种感觉。跟着朋友,沿着西校门内的一条小路走去,左边是一大片荷花池,从荷花池再向东走,北边是一片绿色的草地。小路的两旁,种了各种花草树木。池边树下,有的学生在看书,有的学生在谈话,真有点儿与世隔绝的味道。

穿过小路,爬过小山,未名湖就出现在眼前了。未名湖是校园的中心,无论你从哪个角度看,都是个美的享受。特别是在十月的金色阳光下,湖光塔影,风景宜人。当小风轻轻吹过的时候,湖边的垂柳随风飘来飘去,好像美丽的姑娘在跳舞。这时,你会忘了烦恼,忘了一切,从心里感到宁静舒畅。

来中国进修的打算,几年前就有了,但是选择北京大学,是去年十月份参观后决定下来的,美丽的未名湖把我带到了北大。我希望在这优美的环境里,学习汉语,了解中国。

1. 景色　　　jǐngsè　　　　　　（名）　landscape, scene
2. 踏　　　　tà　　　　　　　　（动）　step
3. 似曾相识　sìcéngxiāngshí　　　　　　seems to be acquainted with

4. 垂柳	chuíliǔ	（名）	weeping willow
5. 园林	yuánlín	（名）	garden
6. 风格	fēnggé	（名）	style
7. 无忧无虑	wúyōuwúlù		without any worries
8. 设计师	shèjìshī	（名）	designer
9. 宁静	níngjìng	（形）	peaceful
10. 池	chí	（名）	pond
11. 古色古香	gǔsègǔxiāng		antique
12. 草地	cǎodì	（名）	grassland
13. 与世隔绝	yǔshìgéjué		cut off from the outside world
14. 角度	jiǎodù	（名）	angle
15. 宜人	yírén	（形）	pleasant
16. 飘	piāo	（动）	wave to and fro

看 雪

这么大的人从来没看过雪,你也许会感到奇怪,但这的确是真的。我从热带国家来到中国,最大的愿望就是看雪。感谢北方的冬天满足了我的好奇心,不但给我机会看到漂亮的雪,而且使我这么一个普通的留学生得到一次真正的精神享受。

寒假到了,学校安排我们去哈尔滨看冰灯。听到这个消息,我既高兴又紧张,甚至有点儿害怕。人们都说那里特别冷,不管穿多少衣服还是难受。我受得了吗?会不会冻坏?……但是好奇心告诉我,一定不能失去这个机会,我决定和朋友们一起去。

出发那天,我们都非常兴奋,我把冬天的衣服都放在旅行用的箱子里。天气也好像在为我们高兴。北京披上了新的白衣服来欢送我们,这为我们的旅行增添了几分欢乐。

一到哈尔滨,我们就出去游玩。城市里到处都是冰做的东西。天气非常冷(零下二十五度),好像我们是活动在一个很大的冰箱里似的。最有趣的是晚上去公园看冰灯。那里有冰做的各式各样的漂亮建筑:有欧洲风格的小楼,有中国传统的宫殿,有山村的小屋,有城市里的高楼,还有那自然界的山、泉……我觉得自己走进了一个奇妙的世界,周围是那么美,那么亮,简直像是在梦里,我已经忘了冷,忘了自己,我被深深地感动了。

第二天我们去滑雪,这一天是我最开心的一

天。我真没想到在那么冷的山上还会出汗。

这是我第一次滑雪,站在山上,看到周围都是雪,树和房子都被雪盖着,那是一片白色的世界,风景格外美丽,我的心也格外舒畅。开始滑雪时,我觉得很困难,感谢当地中国朋友的帮助,我很快学会了。这种感情无法用语言表达出来。我不停地滑来滑去,一点儿也不觉得冷,心里还热乎乎的,越滑越痛快。现在每当我看到那些照片,心里仍然很激动,不过再也找不到当时的感受了。

第三天我们去了一家有名的饭馆,在那里我们吃到了从来没有吃过的东北野味,我们都非常满意。晚上我们高高兴兴地坐上了回北京的火车。

1. 热带　　　　rèdài　　　　　　（名）　　tropics
2. 好奇心　　　hàoqíxīn　　　　（名）　　curiosity
3. 哈尔滨　　　Hǎ'ěrbīn　　　　　　　　　Harbin City
4. 冰灯　　　　bīngdēng　　　　（名）　　ice-carving
5. 冻　　　　　dòng　　　　　　（动）　　freeze
6. 增添　　　　zēngtiān　　　　（动）　　add
7. 各式各样　　gèshìgèyàng　　　　　　　all kinds
8. 宫殿　　　　gōngdiàn　　　　（名）　　palace
9. 滑雪　　　　huáxuě　　　　　（动）　　ski

10. 舒畅	shūchàng	（形）	entirely free from worry
11. 感受	gǎnshòu	（名）	feeling
12. 野味	yěwèi	（名）	edible wild food

第六十九课

生　　词

1. 打工　　dǎ gōng　　　　　　　　work
2. 花店　　huādiàn　　　（名）　　flower store
3. 店主　　diànzhǔ　　　（名）　　shopkeeper
4. 主动　　zhǔdòng　　　（形）　　initiative
5. 清理　　qīnglǐ　　　　（动）　　clear away
6. 整理　　zhěnglǐ　　　 （动）　　put in order
7. 花束　　huāshù　　　　（名）　　a bunch of flowers
8. 打扫　　dǎsǎo　　　　（动）　　sweep
9. 脏　　　zāng　　　　　（形）　　dirty
10. 出(主意)　chū(zhǔyi)　（动）　　give (advice)
11. 主意　　zhǔyi　　　　（名）　　idea
12. 成本　　chéngběn　　　（名）　　cost
13. 装饰　　zhuāngshì　　 （动）　　decorate

14. 花卉	huāhuì	（名）	flower and plants	
15. 图样	túyàng	（名）	draft	
16. 出生	chūshēng	（动）	born	
17. 富裕	fùyù	（形）	rich	
18. 赚	zhuàn	（动）	earn	
19. 维持	wéichí	（动）	maintain	
20. 分别	fēnbié	（动）	separately	
21. 规定	guīdìng	（动）	stipulate	
22. 雇	gù	（动）	employ	
23. 户口	hùkǒu	（名）	registered permanent residence	
24. 停留	tíngliú	（动）	stay	
25. 居留证	jūliúzhèng	（名）	residence permit	
26. 称赞	chēngzàn	（动）	praise	
27. 签订	qiāndìng	（动）	sign	
28. 合同	hétóng	（名）	contract	

专　　名

1. 史蒂文	Shǐdìwén	*Steven*
2. 朱道静	Zhū Dàojìng	*name of a person*
3. 周莉	Zhōu Lì	*name of a person*

课　文

在上海打工

三十一岁的美国青年史蒂文正式要求在一家个体花店打工，这使他一下子成了上海的新闻人物。

花店年轻的女店主朱道静介绍说，史蒂文工作很主动，每天一到花店就马上做清理工作，仔细整理花束，认真打扫房间。这些脏活儿，一般青年人不喜欢干，他干起来却一点儿不马虎。他还主动为女店主出主意，建议花店买一种成本不高，但又受外国人喜欢的装饰花卉。他找来图样，要女店主写出中文介绍，他给翻译成英文，并且还负责推销。

史蒂文的妻子周莉是一位上海姑娘，一九八八年八月两个人就结了婚。她介绍说，史蒂文出生在一个医生家庭，父母兄弟都是医生，家庭经济很富裕。可是他十七岁就开始独立生活，靠自己打工赚钱维持生活和学习。十几年当中,他什么活儿都干过。现在每天上午和晚上,他分别在两个学校教英语,下午到花店干活。到花店以前,史蒂文在一个服装个体户那儿打过工,但是他只干了三天就不去了,因为那儿不如花店环境好。

上海规定,个体户雇工,被雇的人必须有上海市户口。而史蒂文是美国人,又是短期停留,只等他妻子办完出国手续,就回美国去,没有正式居留证。所以,花店的女主人还没跟他签订雇工合同。

词语例解

1. 并且

"并且"用在第二分句的开头,表示进一步的意思,第一分句常用"不但"。例如:

(1)这本书内容不错,并且语言也很生动。

(2)他去过中国,并且去了三次。

(3)这个地方不但安静,并且环境优美。

2. 靠

"靠"是动词,主要用法有:

a. 人的身体或物体倚着别的东西(lean against):

(1)他靠着树站着。

(2)把自行车靠在墙上。

b.接近、挨近(near,by)：

(3)我们学校靠海。

(4)请靠左边走。

c.依靠(depend on)：

(5)他靠奖学金上大学。

(6)许多留学生靠打工维持生活。

3. 分别

副词"分别"是"先后""一个个地"的意思。例如：

(1)厂长分别回答了代表们提出的回题。

(2)他分别送给每个朋友一件礼物。

(3)父亲和母亲分别给女儿打了电话。

4. 必须

副词"必须"表示"一定要"，否定式是"不必"。例如：

(1)你必须先拿到签证才能去旅行。

(2)这件事别人解决不了,必须你亲自去。

(3)我已经知道了,你不必再说了。

5. 只等……就……

"只等"后加条件,"就"后是结果,有时也说"等……就……"。例如：

(1)我只等大学毕业就结婚。

(2)只等他一到,会议就开始。

(3)(只)等天一黑,就没有车了。

练　习

一、搭配词组:

1. 清理环境　清理校园　清理工作
2. 装饰房间　装饰品　　装饰花卉
3. 维持生活　维持关系　维持秩序
4. 时间富裕　生活富裕　经济富裕
5. 签订合同　签订协议　签订协定

二、选词填空:

(一)主动　富裕　称赞

1. 他为群众做了不少好事,受到大家的＿＿＿。
2. 他＿＿＿向顾客介绍商品。
3. 中国已有不少县的农民过上了＿＿＿日子。

(二)装饰　维持　停留　规定　签订

1. 新开的一家饭店＿＿＿得十分漂亮。
2. 政府对出口贸易做出了新的＿＿＿。
3. 他打算在香港＿＿＿三天。

4. 两国____了贸易协定。

5. 我不知道这种状况还能____多久。

三、辨词填空

清理　整理

1. 屋里太乱了，我们一起____一下。

2. 这些信件你____一下，把它们分别放在每个收信人的桌子上。

3. 城市里的垃圾每天都要有人____。

四、完成句子：

1. "永"字不但结构简单，_____。（并且）

2. 他们俩不只是朋友，_____。（并且）

3. 花店的店主_____。（分别）

4. 在生日晚会上，大家_____。（分别）

5. 我下个月必须回国了，_____。（居留证）

6. 大学生们_____。（打工）

五、造句：

分别　　签订　　并且　　维持　　只等……就

阅 读

McDonald 的打工小姐

美国的 McDonald 在北京开了分店,向社会招聘服务员,分全天工作的和每天只工作几个小时的两种。来应聘的一半是女性。她们为什么要去那儿打工呢?

一位二十二岁的张小姐说:"我的生活经历特别简单,从学校毕业以后,直接进了工厂。每天从家到工厂,又从工厂回到家,太没意思了,真想找个机会开开眼界。一听说 McDonald 招聘,我就来了。我在这儿打工有半年了,过去我不相信自己的能力,生活太单调,也没有机会试一试。到这儿来的最大收获是把自己的能力都使出来了。这儿的工作很紧张,我每星期来六天,每天从晚上六点半工作到十点半。工作时得用最快的速度,所以干什么都得小跑,特别是高峰时间,跑过来跑过去,一点儿休息的时间也没有。不过,身体虽然累,心里却很高兴。"

一位中学英语女教师来这里打工的目的很明确,她是这样说的:"主要是想了解社会、了解人。这里每天接待几千名顾客,各式各样的人都有,这是学校里比不了的。可以说 McDonald 是学校外的学校,是一所社会大学。在这里,我学到了学校学不到的东西,有一种精神上的满足。"

1. 分店	fēndiàn	(名)	branch of a shop
2. 应聘	yìngpìn	(动)	come for vacancy
3. 女性	nǚxìng	(名)	female
4. 经历	jīnglì	(名)	experience
5. 开眼界	kāi yǎnjiè		broaden one's mind
6. 单调	dāndiào	(形)	monotonous
7. 紧张	jǐnzhāng	(形)	nervous
8. 高峰	gāofēng	(形)	rush hour
9. 明确	míngquè	(形)	definite
10. 比不了	bǐbuliǎo		can't be compared with

二 锅 头

一天,我起不了床了,可是也睡不着觉。我很想吐,全身都疼,头疼得睁不开眼睛。我怎么了?想了半天才想起来,对了,是昨天参加了那个宴会。

昨天一个中国朋友请我参加宴会,一走进那个小饭店就听到几个人的喊声:"好酒!再来一杯!"

我们向饭店最后面的一张大桌子走去。我们进来的时候,凉菜已经端上来了,酒瓶也打开了。啊,是二锅头,厉害的白酒,桌子周围的人脸早就红了。虽然我们来晚了,可是我这个"老外"还是受到了热烈的欢迎。我刚坐下,主人就给我倒了满满一杯二锅头。

在美国,我们喝白酒的时候,习惯把那一小杯酒一下子喝下去。所以我还是照老样子,而没有注意到其他人在小口小口地喝。身边的张先生看我一口就喝下去一杯酒,以为我是海量,就不停地给我倒酒,我也不停地喝着。我还开玩笑说:"我喜欢喝酒,喝醉了以后我中文说得比较流利。"没想到还不到半个小时,我的头就大了。这时,服务员送菜来了,菜味儿挺香。张先生劝我:"多吃点儿,我看你爱吃辣的,给……"说着,在我的盘子里放上了辣菜。我心里说,我的天啊,我的嘴里已经着火了,还让我吃辣的啊?所以很客气地告诉他:"张先生,我吃饱了。"

宴会还在继续,可能是为了表示友好吧,桌上的每一个人都来给我敬酒。我只觉得头晕想吐,说了声:"对不起,我去方便一下,马上回来。"站起来就向厕所走去……

以后的事我就记不清了,我是怎么离开饭店的?怎么回的家?但有一点我永远不会忘记,我现在躺在床上不能动是昨天"文化交流"的结果。

1.	吐	tù	(动)	vomit
2.	睁	zhēng	(动)	open
3.	凉菜	liángcài	(名)	cold dish
4.	二锅头	Èrguōtóu		a brand of white spirit
5.	满满	mǎnmǎn	(副)	full
6.	老样子	lǎo yàngzi		old habit
7.	海量	hǎiliàng		great capacity (for liquor)
8.	着火	zháo huǒ		burning
9.	友好	yǒuhǎo	(形)	friendly
10.	敬	jìng	(动)	propose a toast
11.	晕	yūn	(形)	dizzy

第七十课

生 词

1.	算盘	suànpán	（名）	abacus
2.	发明	fāmíng	（动）	invent
3.	工商	gōngshāng		industrial and business
4.	贸易	màoyì	（名）	trade
5.	缺少	quēshǎo	（动）	be short of
6.	传	chuán	（动）	pass on
7.	大量	dàliàng	（形）	a large number of
8.	外流	wàiliú		outflow
9.	设	shè	（动）	set up
10.	珠算	zhūsuàn	（名）	calculation with an abacus
11.	博士	bóshì	（名）	Ph.D.

12.	学位	xuéwèi	（名）	academic degree
13.	种类	zhǒnglèi	（名）	kind
14.	式样	shìyàng	（名）	style
15.	五花八门	wǔhuā bāmén		a wide variety
16.	收藏	shōucáng	（动）	collect
17.	达	dá	（动）	as much as
18.	拇指	mǔzhǐ	（名）	thumb
19.	木头	mùtou	（名）	wood
20.	竹子	zhúzi	（名）	bamboo
21.	金属	jīnshǔ	（名）	metal
22.	技术	jìshù	（名）	technology
23.	制造	zhìzào	（动）	make
24.	电子计算机	diànzǐ jìsuànjī	（名）	electronic computer
25.	事实	shìshí	（名）	fact
26.	非	fēi	（副）	no
27.	如此	rúcǐ	（代）	such
28.	掀起	xiānqǐ	（动）	start
29.	热	rè	（形）	craze
30.	原因	yuányīn	（名）	reason
31.	计算	jìsuàn	（动）	count
32.	加(法)	jiā	（动）	add
33.	减(法)	jiǎn	（动）	reduce
34.	长期	chángqī	（名）	long term

35.	能力	nénglì	（名）	ability
36.	明显	míngxiǎn	（形）	obvious
37.	减退	jiǎntuì	（动）	weaken
38.	傻瓜	shǎguā	（名）	fool

专　　名

北宋	Běi Sòng	the Northern Song Dynasty
清明上河图	Qīngmíng Shànghé Tú	*The Festival of Pure Brightness on the River*
朝鲜	Cháoxiān	Korea

课　　文

算　盘

　　早在两千多年前,中国古代的劳动人民就发明了算盘。北宋名画《清明上河图》里药店的柜台上就摆着算盘。明清时代,算盘已经成为工商贸易中不可缺少的工具。

从明代开始,算盘传到了朝鲜和日本。到了清代,随着人口大量外流,算盘也就被带到世界各地。除了中国,日本是世界上使用算盘最多的国家。近几年来,美国也成立了美国珠算教育中心,墨西哥还设有珠算博士学位。

算盘的种类很多,式样五花八门。有人收藏的算盘达六十多种,大的有一人多高,小的只有大拇指那么大。算盘一般是用木头或竹子做的,也有用金属做的,还有人用金子做成算盘。

随着科学技术的发展,当美国制造出世界上第一台电子计算机时,有人说:"这旧算盘要进历史博物馆了。"但事实并非如此。日本、美国这些发达国家掀起了珠算热。这是什么原因呢?一是因为计算机计算加减法时,速度不如算盘快,二是长期使用计算器的小学生,计算能力明显减退。如果有哪个人把计算器当作礼物送给孩子,他将被看作是傻瓜。

词语例解

1. 达

"达"是动词,用法有两种:

a. 主语+达+数量词

(1)中国人口已达十一点六亿。

(2)这座山达八千八百多米,是世界上最高的山。

b. 主语+形容词+达+数量词

(3)他高达两米多。

(4)掌声长达两分钟。

2. 当……时

"当……时"也可以说成"当……的时候",但是不能说"当……的时"。例如:

(1)当我第一次到中国时,连一句中国话也听不懂。

(2)当他中学毕业的时候,我已经大学毕业了。

3. 并非如此

这是一个固定词组,意思是"并不是这样",常作"事实、情况"的谓语。例如:

(1)有不少人认为汉语很难学,可是事实并非如此。

(2)情况并非如此,这个工厂经济改革以后,生产越来越好了。

练　习

一、搭配词组：
1. 发明机器　　发明汽车　　发明电脑
2. 缺少水　　　缺少时间　　缺少感情
3. 收藏古画　　收藏文物　　收藏粮食
4. 制造汽车　　制造机器　　制造矛盾
5. 学士学位　　硕士学位　　取得学位

二、选词填空：
（一）大量　外流　式样　如此　明显　种类
1. 他阅读了____外文资料。
2. 衣服____越来越多。
3. 他的学习有了____的进步。
4. 人口____的情况引起政府的注意。
5. 我没想到市场____热闹。
6. 商店里的商品，____很多,质量也好。

（二）缺少　收藏　减退　掀起　制造
1. 他____了大量明代山水画。

2. 工厂里____了新的技术革新运动。
3. 中国____汽车的能力正在提高。
4. 他____的不是钱,而是良心。
5. 计算机的发明会使人的计算能力____吗?

(三)掀　加　传　达　非　设
1. 留学生宿舍楼____有小卖部。
2. 商业大楼里的商品种类很多,____几千种。
3. 事情并____像你想的那样简单。
4. 汤太淡了,再____点盐。
5. 你知道算盘是什么时候____到国外的?
6. 中国一些城市____起了购房热。

(四)随着　甚至　并非如此
1. _____经济的不断发展,人民生活水平也有了很大提高。
2. 有人说人是上帝造的,事实_____。
3. 他不听别人的劝告,_____连朋友的话也不听。
4. _____工业生产的发展,环境污染越来越严重。

三、辨词填空:

当作　看作
1. 我把今天____星期五了。
2. 这次会议被____是一次重要的会议。

3. 他被____小偷抓起来了。
4. 他被大家____是最有才能的人。

四、造句：

当…时 当…的时候 五花八门 学位 达

阅　读

奇妙的条形码

在商店里，你会看到商品的包装上有一个小标签样的东西，它是由一些黑色短线条组成的。这就是条形码。

这些黑色短线条有什么用呢？当你选好了商品去付钱的时候，你会看到售货员用一支特别的带光的笔在线条上一划，同时，电脑上就出现了商品的型号、价钱等。在图书馆借书时，工作人员也是用一支光笔在你的借书卡和书上的黑线条上一划，借书手续就办好了。可见，条形码是人和计算机联系的一种特殊语言。

那么，条形码是怎样和计算机说话的呢？原来，条形码中的那些线条是一种语言信息，线条中间的空白代表另一种语言信息。它可以表示数字，也可以表示商品的名称、型号、价钱、重量等。只要用一种特殊的办法来读，就能把这些信息送给计算机进行处理。

现在，条形码已经在超级市场、邮局、医院、图书馆等许多地方使用。

1. 奇妙	qímiào	（形）	fantastic
2. 条形码	tiáoxíngmǎ	（名）	bar code
3. 商品	shāngpǐn	（名）	commodity
4. 标签	biāoqiān	（名）	tag, lable
5. 短	duǎn	（形）	short
6. 线条	xiàntiáo	（名）	line
7. 划	huá	（动）	draw
8. 型号	xínghào	（名）	model
9. 卡	kǎ	（名）	card
10. 可见	kějiàn	（连）	obviously
11. 空白	kòngbái	（名）	space
12. 名称	míngchēng	（名）	name
13. 重量	zhòngliàng	（名）	weight
14. 处理	chǔlǐ	（动）	handle

麻将的来历

很多人都会玩麻将,但是,知道它的来历的人却不多。这里还真有一段有趣的故事。

大约五六百年以前,中国有个叫万秉迢的人,他很喜欢看小说,尤其喜欢看《水浒传》。小说里的一百零八个人物,他不但个个喜欢,而且个个记得很清楚。为了让更多的人都记得这一百零八个人物,他发明了一种娱乐工具:麻将。

麻将分三类:万、饼、条。每类从一到九,各四张,共三十六张。三类一共一百零八张,代表小说里一百零八个英雄。"万""饼""条"是发明人"万秉迢"三个字的谐音。此外,麻将中还有东、西、南、北、中五个方位。每个方位四张,共二十张。代表一百零八个英雄来自四面八方。又因为这一百零八个英雄有的穷,有的富,所以又用"白"代表贫穷,"发"代表富有。"白""发"各四张共八张。这样,麻将共有一百三十六张牌。

麻将作为一种娱乐工具在中国流传很广,很受人民的欢迎。少数人用它来赌博,这是发明人没想到的。

1. 麻将	májiàng	（名）	mahjong	
2. 来历	láilì	（名）	origin	
3. 万秉迢	Wàn Bǐngtiáo		*name of a person*	
4. 尤其	yóuqí	（副）	especially	
5.《水浒传》	Shuǐhǔ Zhuàn		the Water Margin	
6. 娱乐	yúlè	（名）	entertainment	
7. 饼	bǐng	（名）	cake	
8. 代表	dàibiǎo	（动）	represent	
9. 谐音	xiéyīn	（名）	homonymous	
10. 方位	fāngwèi	（名）	position	
11. 四面八方	sìmiànbāfāng		all directions	
12. 贫穷	pínqióng	（形）	poor	
13. 富有	fùyǒu	（形）	rich	
14. 流传	liúchuán	（动）	spread	
15. 赌博	dǔbó	（动）	gamble	

第七十一课

生　词

1. 物理学家　wùlǐxuéjiā　（名）　physicist
2. 学术　xuéshù　（名）　learning
3. 报告　bàogào　（名）　report
4. 会场　huìchǎng　（名）　conference hall
5. 当中　dāngzhōng　（名）　among
6. 鼓舞　gǔwǔ　（动）　inspire
7. 殿堂　diàntáng　（名）　sacred place
8. 亲眼　qīnyǎn　（副）　with one's own eyes
9. 激动　jīdòng　（动）　excite
10. 心情　xīnqíng　（名）　feeling
11. 可想而知　kěxiǎng'érzhī　　　can be expected
12. 讲台　jiǎngtái　（名）　platform
13. 响　xiǎng　（动）　break out

14. 雷鸣般	léimíngbān		thunderous
15. 掌声	zhǎngshēng	（名）	applause
16. 微笑	wēixiào	（动）	smile
17. 示意	shìyì	（动）	signal
18. 安静	ānjìng	（形）	calm
19. 抖擞	dǒusǒu	（动）	spirited
20. 几乎	jīhū	（副）	almost
21. 尽	jìn	（动）	do one's best
22. 重复	chóngfù	（动）	repeat
23. 张	zhāng	（动）	open
24. 出声	chū shēng		utter a sound
25. 阵	zhèn	（量）	*measure word*
26. 沉默	chénmò	（形）	silent
27. 环视	huánshì	（动）	look around
28. 微微	wēiwēi	（副）	slight
29. 噢	ō	（叹）	oh
30. 恍然大悟	huǎngrándàwù		suddenly realize what has happened
31. 任何	rènhé	（代）	any
32. 迷信	míxìn	（动、名）	superstition
33. 权威	quánwēi	（名）	authority

专　　名

江之华　　Jiāng Zhīhuá　　*name of a person*

课　　文

1＋1＝？

著名物理学家江之华教授学术报告会开始了。会场上，坐满了大学生。他们当中，不少人是在江教授的鼓舞下走进科学殿堂的，今天能够亲眼见到江教授，激动的心情可想而知。

江教授走上讲台，台下响起雷鸣般的掌声。江教授微笑地示意大家安静下来，然后用不太标准的普通话对大家说："我想首先提一个问题，请大家回答我。"学生们立刻精神抖擞起来。"1＋1等于几？"江教授问。几乎所有的人都以为自己听错了。江教授用尽可能标准的语音重复了一遍。有人张了张嘴，但没有出声。会场上一阵沉默。

江教授环视了一下会场,微微一笑:"这个问题很难吗?没有人能够回答?"

确实没有人能够回答。

"1+1等于2嘛!"江教授高举起两个手指。

"噢——"全场恍然大悟。

"1+1等于2,这对任何人都是一样的,这是科学,而不应该迷信权威。这是我要对大家讲的第一个问题。"

又是一阵雷鸣般的掌声。这掌声听起来比刚才的掌声似乎多了些什么……

词 语 例 解

1. 亲眼

"亲"可以和"眼""手""口""耳"等结合,用在动词前作状语。例如:

(1)今天我亲眼见到了那件事的发生。

(2)这是我亲手为你做的裙子。

(3)这个消息是他亲口告诉我们的。

2. 可想而知

意思是根据情况、事理做出判断,在句中常作谓语,有时也用

在句子开头,用逗号隔开。例如:

(1)我第一次到中国时,一句中文也不懂,当时的困难可想而知。

(2)可想而知,你一定是没复习功课,所以才考了五十分。

3. 几乎

a. 差不多,可以用在动词、形容词、名词前。例如:

(1)他几乎查遍了所有的字典,也没找到这个字。

(2)几年不见,他的头发几乎全白了。

(3)我们班几乎每一个人都喜欢游泳。

b. 差点儿,后面多加动词词组。例如:

(3)他的变化太大了,我几乎认不出来了。

(4)去年我的朋友得了肺癌,几乎死了。

4. 阵

量词"阵"前的数词一般只能是"一","阵"后有时可以加"子"或"儿",说成"一阵子""一阵儿"。用法有:

a. V/A+一阵

(1)他快来了,我们再等一阵吧!

(2)我的病好一阵儿坏一阵儿,真让人着急。

b. 一阵+A

(1)听到这个消息,我心里一阵难过。

(1)他觉得很不好意思,脸上一阵儿红一阵儿白。

c. 一阵+N

(5)报告结束了,会场里立刻响起了一阵掌声。
(6)刚才下了一阵雨,舒服多了。

5. 任何

"任何"只用在名词前,如果"任何+N"在句中作主语,后面要用"都"。

a. 任何+双音节名词

(1)我没有任何理由反对他参加这次比赛。
(2)任何政府都希望自己国家的经济繁荣。

b. 任何+单音节名词(只限于"人""事"两个词)

(3)他对任何事都很认真。
(4)她是个孤独的人,几乎不跟任何人交朋友。

练 习

一、搭配词组:

1. 鼓舞大家　鼓舞人心　受鼓舞
2. 心情激动　激动人心　一阵激动
3. 重复运动　重复一遍　内容重复
4. 迷信前人　迷信权威　封建迷信
5. 消息确实　确实不错　确实有意思

二、选词填空：

(一)示意　抖擞　重复　环视　激动　沉默

1. 你能____一遍你刚才说的话吗？
2. 他____得一句话也说不出来。
3. 他总是精神____地去工作。
4. 我____了一下周围，没有发现什么。
5. 医生____大家不要大声说话。
6. 大家都说了自己的想法，只有他还____不语。

(二)亲眼　几乎　微微　任何　似乎

1. 这是我____看见的。
2. 他____什么也不知道。
3. 做____事情都要认真仔细。
4. 他____睁开眼睛看了我一眼又闭上了。
5. 这件事____所有的人都知道了。

三、完成句子：

1. 他放弃了出国学习的机会，_____。（确实）
2. 那孩子_____，连妈妈的话也不听。（确实）
3. 不要_____，不能认为别人什么都好。（迷信）
4. 他很愿意帮助别人，_____。（尽）

5. 当我走进教室_____,上课的时间改了。(恍然大悟)
6. 我的朋友家在北京,她_____。(标准)
7. 我_____,她叫王丽,是我小学时的朋友。(差点儿)
8. 当时连水都没有,_____。(可想而知)

四、填适当的量词:

环视了(　　)　　　下了(　　)雨
响起了(　　)掌声　　再读(　　)
又重复了(　　)　　　请等(　　)

五、造句:

任何　　当中　　亲眼
几乎　　微微　　亲自
尽　　可想而知

阅　　读

算术没学好

我先生要买地板革铺地,并保证以后天天擦地,我非常高兴。

我们来到西四一家工艺品公司,那里有一种白底黑花的地板革,价钱是二十六元,不贵。可是我又想:"货比三家",再到别的商店看看。西单商场,同样的地板革,价钱都是四十二元。"怎么差这么多呢?"我们很奇怪。这时,先生忽然想起:电视广告里介绍过,新街口有一家专卖地板革的商店。于是我们又去了新街口。走进那家商店一看,"啊,不一样就是不一样!"不但种类齐全,而且花色新,价钱自然高一点儿:五十二元。

我们是靠工资生活的人,同样的东西,自然得选价钱便宜的买,因此又回到西四。一进商店,二话没说,就要了几米。可是售货员一算账,价钱却贵了一倍。"不是二十六元一米吗?"我问。"没错!长一米是二十六元,还有宽呢! 宽是两米,二十六元乘二就是五十二元,你没学过算术吗?"售货员很清楚地回答了我。我没话说了,只好付钱给人家。真是"买的没有卖的精"啊!

买回了地板革,我也真长了学问。以后再买这类东西,得把眼睛睁得大大的,看清楚计算价钱的单位:是长度的"米",还是连长带宽的"$米^2$"(平方米)。心里先把这小学生的算术题好好算算,算清楚了再决定买还是不买。不然还会让售货员笑话我"小学生的算术没学好"!

1. 算术	suànshù	（名）	mathmatics
2. 地板革	dìbǎngé	（名）	synthetic leather on the floor
3. 西四	Xīsì		*name of a place*
4. 底	dǐ	（名）	background
5. 新街口	Xīnjiēikǒu		*name of a place*
6. 齐全	qíquán	（形）	all kinds of varieties
7. 花色	huāsè	（名）	design and colour
8. 新颖	xīnyǐng	（形）	novel
9. 账	zhàng	（名）	account
10. 只好	zhǐhǎo	（副）	have to
11. 精	jīng	（形）	clever
12. 单位	dānwèi	（名）	unit
13. 长度	chángdù	（名）	length

1+1 的答案

1+1 等于 2,这是连没学过算术的三岁小孩儿也知道的答案。所以,如果你走在路上,随便找个人,请他说出1+1的答案,谁都会认为这是个没有意义的文字游戏,甚至会用怀疑的眼睛看着你,意思是:你有没有病?

1+1到底等于几?从事不同职业,具有不同专业知识的人,根据各自的经验,可以得出不同的答案。

程序设计师习惯地用二进制回答:1+1等于10。

经济系的学生认为,要让最少的资源发挥最大的功能,他们的答案当然是,两个1能发挥的最大值:11。

中小学老师说:"等于2,当然等于2。抽一支烟犯一次错误,抽两支烟就是两次。没错!"

测字先生睁大了眼睛连连说:"一加一是'王'嘛!"

中国计划生育委员会的干部回答:等于3。为什么不是3呢?要知道,一对夫妇只能生一个孩子,这是中国的人口政策。每个小家庭都是一个三人小世界。

1. 从事　　chóngshì　　(动)　　engage in

2. 各自　　gèzì　　　　（形）　each
3. 程序　　chéngxù　　（名）　procedure
4. 二进制　èrjìnzhì　　　　　binary system
5. 资源　　zīyuán　　　（名）　resource
6. 发挥　　fāhuī　　　　（动）　bring into play
7. 功能　　gōngnéng　　（名）　function
8. 值　　　zhí　　　　　（名）　value
9. 测字　　chèzì　　　　　　　fortune-telling by analysing a chinese character
10. 计划生育委员会　Jìhuà Shēngyù Wěiyuánhuì　　The Commission of Family Planning

第七十二课

生　　词

1. 难忘	nánwàng	（形）	unforgettable
2. 外地	wàidì	（名）	parts of the country other than where one is
3. 雾	wù	（名）	fog
4. 光线	guāngxiàn	（名）	light
5. 快车道	kuàichēdào	（名）	express lane
6. 慢车道	mànchēdào	（名）	local lane
7. 咔嚓	kāchā	（象声）	*onomatope*
8. 检查	jiǎnchá	（动）	check up
9. 右侧	yòucè	（名）	right side
10. 反光镜	fǎnguāngjìng	（名）	reflector
11. 碎	suì	（动）	smash

12. 左侧	zuǒcè	（名）	left side
13. 厘米	límǐ	（名）	centimetre
14. 毕竟	bìjìng	（副）	after all
15. 四周	sìzhōu	（名）	all around
16. 纸条	zhǐtiáo	（名）	notice
17. 压	yā	（动）	press
18. 雨刷	yǔshuā	（名）	rainbrush
19. 同	tóng	（介）	with
20. 陌生	mòshēng	（形）	strange
21. 碰	pèng	（动）	run into
22. 歉意	qiànyì	（名）	regret
23. 发票	fāpiào	（名）	receipt
24. 费用	fèiyòng	（名）	expenses
25. 支付	zhīfù	（动）	pay
26. 诚实	chéngshí	（形）	honest
27. 信任	xìnrèn	（名、动）	trust
28. 居然	jūrán	（副）	unexpectedly
29. 脑海	nǎohǎi	（名）	brain

课 文

一件难忘的小事

一天夜里,我开车从外地回城里。天很黑,又有点雾,尽管有路灯,光线仍很差。

临近家时,汽车刚从快车道进入慢车道,便听到咔嚓一声。我以为汽车出了毛病,赶快停了车。一检查,发现右侧的反光镜碎了。我往回走了五六十米,看见一辆小红车停靠在路边,左侧的反光镜也碎了。这辆车的车头超出停车线二三十厘米,但它毕竟是停着的,责任应该在我。

我向四周看了看,不见一人,便在路灯下写了一张纸条,压在小红车的雨刷下。纸条上,我写了自己的姓名、电话,希望车主同我联系。

三天后,一位陌生男子打来了电话。他就是小红车的主人。我连忙说:

"很对不起,我不小心把你汽车的反光镜碰坏了。"

"没关系,已经换上了。我打电话是向你表示感谢的。"

"不,是我要向你表示歉意。请你把发票寄来,我把钱寄给你。"

"不用了,没几个钱。你在无人知道的情况下主动给我留了纸条,这使我很感动。"

"这是应该的。这笔费用应该由我支付。"

"不,人和人之间还有比金钱更重要的东西,你给我留下了诚实和信任,这比金钱更重要。我再一次谢谢你!"说完他挂上了电话。

我很后悔,居然没有问他的姓名、住址,也不知道他的年龄、职业。但他的"诚实和信任比金钱更重要"的话却深深地印在我的脑海之中。

词语例解

1. 毕竟

"毕竟"有两个意思,和"到底"的 b、c 用法基本相同。

a. 表示强调,可以用在"是"字前,也可以直接用在其它动词词组前。

(1)他毕竟是中文系的学生,对中国的古典诗很熟悉。

(2)毕竟在中国住了五年,和中国的感情很深。

b.表示经过长时间后有了某种结果、结论,也常用在"是"字前。

(3)现在我才明白,不锻炼身体毕竟是不行的。

(4)在大家的帮助下,我们毕竟提前完成了这个工作。

2. 在(我)

这个"在"是动词,后面可以加名词、动词、形容词或主谓句,表示原因在什么地方,有时也说成"在于"。例如:

(1)他都十八岁了还不会照顾自己的生活,责任主要在他母亲。

(2)他能成为著名物理学家的原因,在于勤奋。

(3)他得了肺癌,在他自己抽烟太多。

3. 同

"同"的意思跟介词"和"、"跟"差不多。"同"用于书面语,"跟"用于口语,"和"口语、书面语都用。例如:

(1)学汉语同学习任何语言一样,要多听、多说。

(2)这事儿跟他没关系。

(3)我昨天已经和老师谈过这件事了。

4. 表示

"表示"有两个意思:

a.用言语、行动显示某种思想、感情、态度,后面的宾语可以是名词,也常常是双音节动词(欢迎、感谢、同意、反对、喜欢等)。例如:

(1)他们在会上表示了自己的态度。
(2)对他的建议,我们表示同意。
b.凭借某种事物显示某种意义。例如:
(3)复姓用两个汉字表示。
(4)点头表示同意,摇头表示不同意。

5. 居然

表示没有想到,出乎意料。可以用在动词、形容词前,也可以用在主语前。例如:
(1)这么重要的事,他居然忘了。
(2)没想到你也居然聪明起来了。
(3)她已经结婚两个月了,居然她的父母还不知道。

练　　习

一、搭配词组:

1. 检查作业　　检查身体　　检查证件
2. 陌生的人　　陌生的地方　感到陌生
3. 支付药费　　支付房租　　支付费用
4. 环视四周　　学校四周　　向四周看看
5. 信任朋友　　信任大家　　得到信任

二、选词填空：

(一)难忘　四周　陌生　诚实　信任　检查

1. 在房子的____栽了一些树。
2. 医生让他经常去医院____身体。
3. 那个小孩很____，从不说谎。
4. 去年他到中国旅行，留下了____的印象。
5. 昨天，家里来了一位____的客人。
6. 友谊是建立在互相____的基础上的。

(二)毕竟　居然

1. 他____是个孩子，哪能和大人比？
2. 没想到他____跳过了两米三的高度。
3. 这么大的事情，你____不知道？
4. 他____老了，不像年轻人。

(三)碰　压　碎　留　挂　印

1. 这件事就像一块石块____在我心上。
2. 小时候的梦至今还____在我的脑子里。
3. 昨天我____上了一件新鲜事。
4. 他不小心把玻璃杯打____了。
5. 说完他把电话____上了。
6. 那件事给我____下了很深的印象。

三、完成句子：

1. ＿＿＿＿＿＿＿＿＿＿＿＿＿，他还是走了。　　（尽管）
2. ＿＿＿＿＿＿＿＿＿＿＿，对他来说太困难了。　（支付）
3. 教育好自己的子女，＿＿＿＿＿＿＿＿。　　（责任）
4. 他怀着＿＿＿＿＿＿＿＿＿＿＿＿＿＿＿。　（歉意）
5. 我的朋友是昨天离开中国的，＿＿＿＿＿。　（后悔）

四、用"表示"完成句子：

1. 对你的帮助，我们＿＿＿＿＿＿＿＿＿。
2. 对他的意见，＿＿＿＿＿＿＿＿＿。
3. 对于你们的到来，＿＿＿＿＿＿＿＿＿。
4. 你总是点头，＿＿＿＿＿＿＿＿＿？
5. 如果把一个葫芦悬挂在门前，＿＿＿＿＿＿。

七、造句：

毕竟　　居然　　表示
四周　　陌生　　信任

阅　　读

相　　逢

我挺着胸，抬着头，从川流不息的人群中走过。

我发现有人向我投过羡慕的目光——我的校

徽吸引着他们,要知道,我的学校是全国名牌大学呢。

天真热,口渴了,我走到一个卖冰棍的箱子前,递上钱:

"同志,买一根冰棍儿。"

"是你,刘健!"卖冰棍的女青年喊出了我的名字。

原来是她,我的中学同学王丽。

"怎么,你考上大学了?"这问话,既惊喜,又羡慕。

"两年以前考上的。"我得意地回答。记得在中学时,在班里,她总是考第一名,我怎么努力,也只是第二名,一直不服气。可现在——我感到了两个人中间的距离。

"你现在做什么?"话一出口,我自己也觉得不合适,很快又换了一个问题:

"考没考大学?"

"准备考了,但考试那几天,病了。"

"机会还是有的……"我停了一下说。

"你学什么专业?"她一面给人拿冰棍,一面问。

"中文系,文学专业。"

"啊,太巧了!有个杨天民教授,你认识吗?"

"怎么,你认识杨天民教授?"杨教授是位有名的老教授,她怎么会认识?我很惊呀!

"我考上了他的研究生,今天才收到通知。"

我不知道该说什么,突然间,我感到了我和她中间真正的距离。

1.	相逢	xiāngféng	(动)	meet by chance
2.	挺	tǐng	(动)	straighten up
3.	胸	xiōng	(名)	chest
4.	川流不息	chuānliúbùxī	(成)	coming and going
5.	投	tóu	(动)	cast (one's eyes)
6.	目光	mùguāng	(名)	eye, sight
7.	校徽	xiàohuī	(名)	school badge
8.	冰棍儿	bīnggùnr	(名)	ice-lolly
9.	惊喜	jīngxǐ	(形)	surprise
10.	得意	déyì	(形)	pleased with oneself
11.	服气	fúqì	(形)	be convinced
12.	距离	jùlí	(名)	distance

13. 太巧了　　tàiqiǎole　　　　What a coincidence!

悬　　念

　　我正拨着电话号码,听到有人在开门上的锁。哦,他回来了。我没再拨,把电话放回了电话机上。门也正好开了。

　　"你在打电话——刚才?"他踏进客厅一只脚,就急着问我。

　　"嗯。"我往沙发里一靠,看着我那精明强干的丈夫。

　　"那……你怎么又放下了……"他那份警觉劲儿真可爱,像个大侦探。

　　"因为你回来了。"我说。

　　"我回来,你怎么就不打了?"他认真极了。

　　"我是打给你的。"

　　他的脸一下子红了,笑着说起别的事儿。

　　可是我忽然又拿不准他真的相信了我的话吗?

1. 悬念	xuánniàn	(名)	suspension
2. 锁	suǒ	(名)	lock
3. 哦	ò	(叹)	*interjection*
4. 客厅	kètīng	(名)	*sitting-room*
5. 嗯	ng	(叹)	interjection
6. 精明强干	jīngmíng qiánggàn	(成)	capable and efficient
7. 警觉劲儿	jǐngjuéjìnr		alert
8. 侦探	zhēntàn	(名)	detective
9. 拿不准	nábuzhǔn		uncertain

第七十三课

生　　词

1. 郊外　　jiāowài　　（名）　　suburbs
2. 附近　　fùjìn　　（名）　　nearby
3. 白发苍苍　báifàcāngcāng　　　greying white hair
4. 老大爷　lǎodàye　　（名）　　old man
5. 聚精会神　jùjīnghuìshén　　　be all attention
6. 打量　　dǎliang　　（动）　　look sb. up and down
7. 认得　　rènde　　（动）　　know
8. 平时　　píngshí　　（名）　　at ordinary time
9. 用心　　yòng xīn　　　　　attentively
10. 一时　　yìshí　　（副）　　a short while
11. 琢磨　　zuómo　　（动）　　ponder
12. 严肃　　yánsù　　（形）　　serious

13. 批评	pīpíng	(动)	criticize
14. 垂头丧气	chuítóu sàngqì		out of spirit
15. 转	zhuǎn	(动)	turn
16. 捧	pěng	(动)	hold in both hands
17. 坛子	tánzi	(名)	jar
18. 甜美	tiánměi	(形)	sweet
19. 惭愧	cánkuì	(形)	ashamed
20. 日	rì	(名)	the sun
21. 月	yuè	(名)	the moon
22. 代表	dàibiǎo	(动)	represent
23. 棵	kē	(量)	*measure word*
24. 木	mù	(名)	tree
25. 符号	fúhào	(名)	mark
26. 本	běn	(名)	root of a plant
27. 根	gēn	(名)	root of a plant
28. 末	mò	(名)	tip;end
29. 尖	jiān	(名)	top
30. 合	hé	(动)	together
31. 意义	yìyì	(名)	meaning
32. 林	lín	(名)	forest
33. 明	míng	(形)	bright
34. 形声字	xíngshēngzì		pictophonetic characters

35. 组成　　zǔchéng　　　（动）　form

课　文

（一）认"真"

从前,有两个学生陪老师到郊外去阮。老师走累了,也渴了,让学生去附近找点儿水喝。

一位白发苍苍的老大爷坐在门外聚精会神地看书。一个学生走过去,有礼貌地说:"老大爷,请给我们一些喝的。"

老人从上到下地打量着他,看他像个读书人,指着书上的"真"字说:"你认得这个字,我就给你喝茶。"

这个学生平时学习不用心,他不认识这个字,一时不知怎么回答。但是他很聪明,琢磨了一会儿,回答说:"这是'直八'两个字。"

老人听了不禁哈哈大笑起来,接着又严肃地批评他认错了字,并说不能给他喝的。这个学生垂头丧气地回去了。老师知道了这个情况,让另一个学生再去一趟。

老人像刚才那样,也指了指"真"字让第二个学生认。这个学生一下子就认出来了,大声回答:"这是个'真'字。"老人很高兴,转身进屋,捧出一个坛子,口里连连说:"这是我们家里最好的酒,你们痛痛快快地喝吧。"

老师喝了酒,心里感到特别甜美。他批评第一个学生说:"如果人人都像你那样,读书不认真,我今天可能连一口水也喝不上。"

那个学生羞红了脸,惭愧地低下了头。

(二)汉字是怎么发展来的

汉字是由图画发展来的,最早的汉字简直就是一幅幅图画。比如:⊙ 是"日", D 是"月",米代表一棵树,是"木"字。"牛"和"羊"都是画它们的头角"牜""羋"。

有些意思,只靠简单的画儿还不能完全表示清楚,就在图画上再加些别的符号。比如:米(木)字下面再加一点,变成 本(本),表示树根;在 米 字上面加一点,变成 末(末),表示树尖。

还有的字只靠符号表示不同的意思。比如 ⼆ 表示"上"，= 表示"下"。

把两个字合在一起，表示一个新的意义。两个"木"合在一起成为"林"，意思是树很多。把日和月合起来，成为"明"，意思是亮。

有些事物靠以上办法还是很难表示清楚，比如"江"和"河"，"饱"和"饿"。所以又产生了形声字：一个字由两部分组成，一部分表示形（意义），一部分表示声（声音）。形声字是汉字里最多的一种。比如："访、期、草、忘、问、闻、病、园、近"等都是形声字。

词语例解

1. 打量

"打量"的意思是仔细地看一个人，前边常有状语"从上到下"、"仔细"、"互相"等，后边常用"一下、一会儿"。例如：

(1) 老人从上到下打量着他。

(2) 我仔细地打量了一下儿这个人。

(3) 他们互相打量了一会儿。

2. 一时

"一时"经常作状语,它有两个意思:

a. 表示在短时间内,常用在否定句。例如:

(1)我一时还不会离开北京。

(2)雨一时还不会下起来,咱们快走吧!

b. 表示由于某种情况的出现,而相应出现另一种情况。"一时"用在后一分句,常常是否定句。例如:

(3)我在商店里遇到一个多年不见的老同学,可是一时想不起他叫什么名字了。

(4)老师问了一个他不会的问题,他一时不知道该怎么回答。

3. 痛快

"痛快"可以单用,也可以重叠使用。有两个意思:

a. 很高兴、舒畅(very happy, delighted):

(1)他跟老朋友见了面,心里真痛快。

(2)今天我们要喝个痛快。

(3)考试以后,我们要痛痛快快玩一个暑假。

b. 直爽(simple and direct, forthright):

(4)她是个痛快人,心里有什么就说什么。

(5)父母痛痛快快地答应了孩子们的要求。

4. 简直

"简直"是语气副词,强调程度很高,表示完全或差不多完全如此。它的主要用法有:

a. 简直+是+宾语

(1)他简直是个中国通,对中国的历史、文化都很了解。

(2)这样做简直是浪费时间。

b. 简直+动词(多为否定式)+宾语

(3)几年不见,我简直不认识你了。

(4)我们简直听不明白他在说什么。

c. 简直+形容词+补语

(5)听到这个消息,孩子们简直高兴死了。

(6)屋子里简直热得让人受不了。

d. 简直+太+形容词+了

(7)你简直太好了。

(8)这场面简直太可怕了。

e. 简直+表示比较意义的形式

(9)他的中文简直跟中国人的一样。

(10)他画的马简直像真的一样。

练 习

一、搭配词组:

1. 打量客人　　打量陌生人　　打量来人
2. 态度严肃　　气氛严肃　　　面孔严肃
3. 批评人　　　批评错误　　　受批评

4. 代表国家　　代表个人　　代表团

二、选词填空：

(一)郊外　附近　代表　意义

1. 学校____有一座公园。
2. 我不明白你这样做有什么____？
3. 我只能____我自己，不能____其他人。
4. 春天来了，人们都到____去游玩。

(二)打量　琢磨　批评　组成

1. 他上下____了一下客人，然后请他进屋。
2. 代表团由十三人____。
3. 我反复____他说的话，觉得不合适。
4. 老师____他不按时完成作业。

(三)严肃　甜美　惭愧　用心

1. 老师说：只要____，字就会写好。
2. 我不喜欢他那副____的样子。
3. 她的歌声很____。
4. 我很____，不该对他无礼。

(四)一时　平时

1. 他____很少喝酒。
2. 他____激动，竟忘了说声"谢谢"就跑了。

3. 这种东西＿＿＿很难买到。
4. 我学过这个字，但＿＿＿忘了怎么念。

三、用"简直"改写句子：
1. 她长得很像中国人。
2. 汉语难学死了。
3. 我不知道应该怎么回答你的问题。
4. 最早的汉字跟图画一样。
5. 我不敢相信这是真的。

四、造句：

打量　　一时　　　痛快
简直　　聚精会神　垂头丧气

阅　　读

北京"儿"话

我从韩国到中国来学习汉语。

刚到北京，我觉得人们说话都很快。尽管我在韩国曾学过两年汉语，但是北京人说话我还是有很多听不懂。我想大概是我的听力太差，不习惯听他们说的话吧！三个月后，我慢慢地能听懂北京人说话了，虽然不是每个字，每个词都能听懂，但是看着他们的表情、手势，能猜出那些话的大概意思了，我很高兴；同时我又觉得奇怪，北京人常常讲一些带"儿"的话，"儿"说得很快、很轻，有的在字典里也查不到，遇到这样的话我一点儿也听不懂。比如"颠儿了、趁早儿、小心眼儿……"可是我觉得这些词很好听，也很有意思，于是我也跟着学。带"儿"化的词又难念又难用，我念出来常常带"洋味儿"（北京朋友说的！），用的时候常常出错，闹过许多笑话。

有一次，我和中国朋友在汽车上看见一个年轻人给一位老人让坐，我觉得这个年轻人很善良，就对我的朋友说："他真小心眼儿！""什么？"中国朋友很惊奇地看着我："你说他什么？"我知道又是把带"儿"的词用错了，很不好意思，急忙说："我觉得他很好，很善良！""哦，那应该说'好心眼儿'，不能说'小心眼儿'！"我更不好意思了。回到家里，我一查词典，不禁哈哈大笑起来。汉语的字和词真有意思，声音差一点儿意思就差很多。

我喜欢汉语，喜欢北京"儿"话。

1. 韩国	Hánguó	(名)	Republic of Korea
2. 表情	biǎoqíng	(名)	expression
3. 手势	shǒushì	(名)	gesture
4. 查	chá	(动)	look up
5. 颠儿了	diānrle	(动)	run away
6. 趁早儿	chènzhǎor	(动)	as early as possible
7. 小心眼儿	xiǎoxīnyǎnr		narrow-minded
8. 出错	chūcuò	(动)	make mistake
9. 闹	nào	(动)	make (a fool of oneself)
10. 善良	shànliáng	(形)	kind
11. 惊奇	jīngqí	(形)	wonder

张大千敬酒

张大千先生是中国著名的国画大师。他不但画儿画得好,人也很幽默,大家都喜欢和他交往。

一次,张大千要从上海回四川老家,他的学生开了一个宴会为他送行,许多有名的人也来了,其中有著名的京剧大师梅兰芳先生。宴会开始了,张大千先生向梅兰芳先生敬酒,他说:"您来了,我真高兴。您是君子,我是小人,我敬您一杯!"大家听了张大千先生的话,都惊奇地望着他。梅兰芳先生也不明白张先生的意思,忙笑着问:"您的话怎么解释?"张大千先生哈哈大笑,大声说:"您是君子——动口;我是小人——动手!"所有的客人听了这话也都大笑起来。梅先生更是笑得合不上嘴,一口气把酒喝了下去。宴会的气氛一下子变得非常热烈,大家都感到轻松愉快。

1. 国画　　　guóhuà　　　（名）　Chinese painting
2. 幽默　　　yōumò　　　（形）　humorous
3. 送行　　　sòngxíng　　（动）　give a farewell party
4. 君子　　　jūnzǐ　　　（名）　a man of noble character
5. 小人　　　xiǎorén　　（名）　a man of vile character
6. 合　　　　hé　　　　（动）　close
7. 气氛　　　qìfēn　　　（名）　atmosphere
8. 热烈　　　rèliè　　　（形）　warm

第七十四课

生　词

1. 曲　　　　qū　　　　　　（动）　　bend
2. 指(头)　　zhǐ(tou)　　　（名）　　finger
3. 代　　　　dài　　　　　（动）　　take the place of
4. 跪　　　　guì　　　　　（动）　　kneel
5. 饮　　　　yǐn　　　　　（动）　　drink
6. 从而　　　cóng'ér　　　（连）　　thus
7. 礼仪　　　lǐyí　　　　　（名）　　etiquette, rite
8. 别具一格　biéjùyīgé　　　　　　　having a unique style
9. 屈　　　　qū　　　　　（动）　　bend
10. 磕　　　　kē　　　　　（动）　　knock
11. 桌面　　　zhuōmiàn　　（名）　　top of a table
12. 算是　　　suànshì　　　（动）　　count as
13. 道谢　　　dàoxiè　　　（动）　　thank

14. 之	zhī	(代)	it	
15. 相传	xiāngchuán	(动)	according to legend	
16. 出巡	chūxún	(动)	tour of inspection	
17. 扮(作)	bàn(zuò)	(动)	disguise (oneself as)	
18. 仆人	púrén	(名)	servant	
19. 君	jūn	(名)	monarch	
20. 臣	chén	(名)	subject	
21. 茶馆	cháguǎn	(名)	tea house	
22. 店小二	diànxiǎoèr	(名)	waiter	
23. 茶杯	chábēi	(名)	teacup	
24. 规矩	guīju	(名)	rule	
25. 茶壶	cháhú	(名)	teapot	
26. 不安	bù'ān	(形)	uneasy	
27. 暴露	bàolù	(动)	expose	
28. 身份	shēnfen	(名)	identity	
29. 叩	kòu	(动)	knock	
30. 茶道	chádào	(名)	tea ceremony	
31. 沏	qī	(动)	infuse	
32. 品	pǐn	(动)	taste	
33. 手段	shǒuduàn	(名)	means	
34. 联络	liánluò	(动)	contact	

35. 陶冶	táoyě	（动）	mould
36. 性情	xìngqíng	（名）	temperament
37. 富有	fùyǒu	（动）	rich
38. 艺术性	yìshùxìng	（名）	artistic quality
39. 礼节性	lǐjiéxìng	（名）	courtesy
40. 创始	chuàngshǐ	（动）	originate
41. 弟子	dìzǐ	（名）	disciple
42. 发扬光大	fāyángguāngdà		carry forward
43. 流传	liúchuán	（动）	spread
44. 往往	wǎngwǎng	（副）	often
45. 成立	chénglì	（动）	set up
46. 组织	zǔzhī	（名、动）	organize
47. 日期	rìqī	（名）	date
48. 邀请	yāoqǐng	（动）	invite
49. 举行	jǔxíng	（动）	hold
50. 程序	chéngxù	（名）	procedure
51. 特殊	tèshū	（形）	special
52. 寂	jì	（形）	quiet
53. 和平	hépíng	（名）	peace
54. 长者	zhǎngzhě	（名）	elder
55. 爱护	àihù	（动）	cherish
56. 晚辈	wǎnbèi	（名）	the younger generation
57. 清洁	qīngjié	（形）	clean

58. 美学	měixué	（名）	aesthetics	
59. 境界	jìngjiè	（名）	realm	
60. 幽闲	yōuxián	（形）	gentle and serene	
61. 普及	pǔjí	（动、形）	popularize	
62. 以便	yǐbiàn	（连）	so that	
63. 情趣	qíngqù	（名）	temperament and interest	

专　名

乾隆　　Qiánlóng　　*title of an emperor's reign in the Qīng Dynasty*

课　文

（一）曲指代跪

饮茶在中国已有几千年的历史，从而也形成了许许多多与茶道有关的礼仪。广东人在这方面别具一格:曲屈两个指头,并轻轻磕桌面,这就算是表示谢意了。这种道谢的方法称之:曲指代跪。

关于"曲指代跪"的由来还有一个有趣的故事。相传在清代,乾隆皇帝有一次出巡南方,他扮作仆人,仆人扮作主人。君臣二人来到广东某地一个茶馆里休息饮茶。两个人坐下之后,店小二送上了热茶和茶杯。按照规矩,仆人应该给主人倒茶。于是乾隆皇帝拿起了茶壶给他的仆人倒了一杯茶。仆人看到皇帝给自己倒茶,感到十分不安,但又不能暴露君臣身分,他连忙曲屈两个指头,在桌子上轻轻磕了几下儿,以表示自己向皇帝叩头之意。从此,"曲指代跪"便在广东流行,以后又传到家庭、办公室等,成为一种表示礼貌的茶道。

(二) 茶　　道

茶道,是一种以沏茶、品茶为手段,以联络感情、陶冶性情为目的,富有艺术性、礼节性的饮茶活动。茶道在日本已经有五百多年的历史了。据说,茶道的创始人是一个和尚,后来由他的弟子发扬光大,形成了一种专门的学问,一直流传了下来。

　　日本爱好茶道的人往往成立小的组织,选择好日期后互相邀请。每次参加的人一般不超过四人。举行茶道的时间、环境、程序、礼仪等也都有一套特殊的规定。

　　在日本人看来,茶道可以体现"和、敬、清、寂"的基本精神。"和"就是和平;"敬"就是尊敬长者,爱护朋友和晚辈;"清"就是清洁、清静;"寂"是茶道的最高美学境界:幽闲。现在茶道在日本非常普及。许多年轻妇女都在学习茶道,以便使自己的家庭生活和精神生活都过得更美好、更富有情趣。

词语例解

1. 从而

　　"从而"是书面语,用在后一个分句的开头,引出结果。例如:
(1) 中国实行开放政策以后,经济发展很快,从而提高了人民的生活水平。
(2) 张经理的管理方法非常科学,从而生产发展得非常迅速。

2. 称之

"称之"是古代汉语遗留下来的说法,意思是"把它叫做……",常说成"称之为"。例如:

(1)晋代著名书法家王羲之,后人称之为书圣。

(2)王医生被大家称之为神医。

3. 往往

"往往"有两个意思:

a.表示对一个情况的总结,有一定的规律性。例如:

(1)刚学汉语的人往往觉得汉字很难。

(2)他往往早上十点才起床。

b.表示在什么情况条件下,会出现什么相应的结果,"往往"用在后一分句。例如:

(3)一到星期六,他们往往一起喝酒。

(4)有朋友来的时候,我往往陪他们去参观名胜古迹。

4. 在……看来

"在……看来"介绍出具有某种看法的人,放入表示人的名词或代词。例如:

(1)在我看来,他是世界上最优秀的艺术家。

(2)在中国人看来,称呼老师的名字是不礼貌的。

(3)在一些学生看来,考试能帮助他们更好地学习。

练　习

一、搭配词组：
1. 富有艺术性　富有代表性　富有情趣
2. 民间组织　　妇女组织　　文化组织
3. 举行活动　　举行比赛　　举行表演
4. 特殊要求　　特殊条件　　特殊情况
5. 爱护花草　　爱护公物　　爱护眼睛
6. 普及文化　　普及教育　　普及科学知识

二、选词填空：
(一) 联络　陶冶　富有　邀请　举行　普及　暴露
1. 那个县已经____了高中教育。
2. 绘画能____人的性情。
3. 他愉快地接受了对方的____。
4. 运动会在五月____。
5. 我没有他家的电话号码，无法____。
6. 他虽然物质生活很简单，但精神上很____。
7. 事故的发生____了我们工作中的问题。

(二) 往往　以便　从而　算是　然后
1. 经过几年的努力，我____学会了这门技术。

2. 你把地址告诉我，____经常联络。
3. 她获得博士学位，____成为我校第一位女博士。
4. 事情____和人们想的不一样。
5. 你先去邮局发信，____我们在餐馆吃午饭。

三、辨词填空：

相传　流传

1. ____北京曾经是一片海。
2. 走马看花的故事就这样____下来了。
3. 西湖地区____着许多美丽的故事。

四　完成句子：

1. 他买了一套房子，_____。（算是）
2. 你赶快通知他，_____。（以便）
3. 改革的春风吹到了山村，_____。（从而）
4. 一些人_____，困难想得少一些。（往往）
5. 听到这个消息，_____。（不安）
6. 他回国以后，_____。（联络）
7. 每年春天，_____。（举行）
8. 最近学校_____。（成立）

五、造句：
　　道谢　　规矩　　组织
　　邀请　　特殊　　普及

阅　读

敲桌子敬酒

　　从前有一个很小气的财主，他请朋友吃饭喝酒的时候，很怕朋友多喝了他的酒，因此，他悄悄地告诉仆人说："你不要随便敬酒，听我敲一下儿桌子，才敬一次酒。"

　　他的话被一位客人听到了，喝酒的时候，客人故意问道："您的母亲有多大岁数？"

　　财主回答说："我母亲七十三岁了。"

　　客人一听，马上敲一下桌子，称赞说："很难得！"

　　仆人听到敲桌子的声音，连忙走过来给客人敬酒。

　　过了一会儿，客人又问财主："您的父亲多大岁数了？"

　　财主回答说："我父亲八十四岁了。"

客人一听又敲一下儿桌子,说:"这更是难得!"

仆人听到敲桌子的声音,又走过来,给客人敬酒。

这时财主发现敲桌子敬酒的方法已被客人识破。急忙大声地对客人说:"你不要再敲桌子了,今天你也喝得够多的了!"

1. 小气　　　xiǎoqi　　　(形)　　mean
2. 财主　　　cáizhu　　　(名)　　rich man
3. 故意　　　gùyì　　　　(形)　　on purpose
4. 难得　　　nándé　　　 (形)　　rare
5. 识破　　　shípò　　　 (动)　　see through

龙　井　茶

杭州的龙井茶闻名世界。来到杭州的中外游人都希望喝到龙井茶。

龙井茶是怎么来的呢?据说在很久以前,杭州有个又小又穷的龙井村,村里有个没儿没女的老奶奶,在她家房子后边种了十八棵茶树。她是个好心的人,虽然自己过着穷日子,还常常沏茶给上山的穷人喝。

　　一年除夕,下着大雪,来了一个老头儿,问老奶奶为什么不做年饭？老奶奶流着泪说:"没有米了,只能喝点儿茶水。"老头儿指着墙脚下的石臼对老奶奶说:"你看,那是一个宝贝！可以卖了它。"老奶奶不相信,要把那个石臼送给老头儿。老头儿说:"你别后悔,我买了。"说完走了。

　　第二天,老头儿带人来搬石臼。进门一看,不好了。老奶奶把石臼洗得干干净净。老头儿说:"那些垃圾就是宝贝啊！埋在茶树下,对茶树大有好处。"

　　春天来了,茶树长得特别好。用它的嫩叶泡出的茶水特别清香好喝。后来,老奶奶把她的茶树种子送给村里的穷人,种在龙井山上,用这种茶树的叶子制成的茶叶就叫龙井茶。

1. 龙井茶　　Lóngjǐngchá　　　　　　Longjing tea
2. 闻名　　　wénmíng　　　（形）　well-known
3. 游人　　　yóurén　　　　（名）　tourist
4. 除夕　　　chúxī　　　　 （名）　New Year Eve
5. 墙脚　　　qiángjiǎo　　 （名）　the foot of a wall
6. 石臼　　　shíjiù　　　　（名）　stone mortar

7. 宝贝	bǎobèi	（名）	treasure
8. 垃圾	lājī	（名）	rubbish
9. 嫩叶	nènyè	（名）	tender leave
10. 清香	qīngxiāng	（形）	faint scent
11. 种子	zhǒngzi	（名）	seed
12. 制	zhì	（动）	produce

虎 跑 泉

虎跑泉是怎么来的呢？从前，有兄弟二人，哥哥叫大虎，弟弟叫二虎。他们力气大，爱帮助人，但是没有住的地方，只好到处流浪。

有一年，他们流浪到风景美丽的杭州，不想离开了。于是就在一座小山下找住的地方。他们看见一座小庙，正好有一个老和尚要出去挑水。这里吃水困难，得爬过几座山去挑。兄弟俩对老和尚说："只要您让我们住下，水就让我们兄弟二人去挑吧。"老和尚高兴地留下了他们。从此以后，老和尚有水吃了，村里人没有水时，也常常到庙里来找，大家都很喜欢这兄弟俩。

一年夏天，天热得很，又不下雨，山那边的水也干了。村里人都很着急。大虎、二虎想起流浪时去过衡山的"童子泉",要是能把它搬到杭州来多好啊!于是他们告别了老和尚就走了。

兄弟二人经过千山万水,吃了很多苦,衣服破了,鞋没有了,有时好几天也吃不上饭,终于听到童子泉的声音了,可是两个人都昏倒了。当他们醒来的时候,看见一个小仙人笑着走过来。小仙人听说他们是来搬童子泉的,就告诉他们:"你们必须变成两只老虎,你们愿意吗?"兄弟二人表示只要能让山里百姓有水吃,变成什么都愿意。于是小仙人就把他们变成两只老虎,小仙人骑在老虎身上,他们就向杭州跑去。

跑到杭州那个小庙前,老虎用前爪刨出一个大坑,小仙人拿出柳条一扬,老虎大叫一声,刮起大风,下起大雨。等到风雨停了,一股泉水就从坑里流了出来。老和尚和村里人都笑得合不上嘴。为了纪念大虎、二虎兄弟二人,人们把这股泉水叫做"虎刨泉",后来又改成"虎跑泉"。

1. 虎跑泉　　Hǔpáoquán　　(名)　　*name of a spring*
2. 兄弟　　　xiōngdì　　　(名)　　brother
3. 力气　　　lìqi　　　　(名)　　strength

4. 流浪	liúlàng	（动）	roam about
5. 衡山	Héngshān		*name of montain*
6. 童子泉	Tóngzǐquán		*name of a spring*
7. 千山万水	qiānshān wànshuǐ		ten thousand crags and torrents—the trials of a long journey
8. 苦	kǔ	（形）	hardship
9. 破	pò	（形）	worn-out
10. 仙人	xiānrén	（名）	celestial being
11. 爪	zhuǎ	（名）	claw
12. 刨	páo	（动）	dig
13. 坑	kēng	（名）	pit
14. 柳条	liǔtiáo	（名）	willow twig
15. 扬	yáng	（动）	raise
16. 泉水	quánshuǐ	（名）	spring

第七十五课

生　词

1. 中山服　zhōngshānfú　（名）　Chinese tunic suit
2. 男式　nánshì　（名）　man's style
3. 美观　měiguān　（形）　pleasant to the eye
4. 雅俗共赏　yǎsúgòngshǎng　　suit both refined and popular tastes
5. 潇洒　xiāosǎ　（形）　natural and unrestrained
6. 合身　héshēn　（形）　fit
7. 朴实　pǔshí　（形）　simple
8. 风貌　fēngmào　（名）　style and features

9. 命名	mìngmíng	(动)	name
10. 成功	chénggōng	(动、形)	succeed
11. 临时	línshí	(形)	temporary
12. 总统	zǒngtǒng	(名)	president
13. 会见	huìjiàn	(动)	meet with
14. 宾客	bīnkè	(名)	guest
15. 定做	dìngzuò	(动)	have sth made to order
16. 衣料	yīliào	(名)	material for clothing
17. 黄金	huángjīn	(名)	gold
18. 白银	báiyín	(名)	silver
19. 白	bái	(副)	for nothing
20. 对襟	duìjīn	(名)	Chinese style jacket with buttons down the front
21. 短服	duǎnfú	(名)	short clothing
22. 长衫	chángshān	(名)	long gown
23. 陈旧	chénjiù	(形)	out-of-date
24. 裁缝	cáifeng	(名)	tailor
25. 造型	zàoxíng	(名)	modelling
26. 结合	jiéhé	(动)	combine
27. 紧	jǐn	(形)	tight

28. 领	lǐng	（名）	collar	
29. 宽	kuān	（形）	loose	
30. 腰	yāo	（名）	waist	
31. 改进	gǎijìn	（动）	improve	
32. 参考	cānkǎo	（动）	consult	
33. 地区	dìqū	（名）	district	
34. 华侨	huáqiáo	（名）	overseas Chinese	
35. 简便	jiǎnbiàn	（形）	simple and convenient	
36. 新颖	xīnyǐn	（形）	novel	
37. 特制	tèzhì		specially made	
38. 取(名)	qǔ(míng)	（动）	give name to sth. or sb.	
39. 由于	yóuyú	（介）	due to	
40. 穿着	chuānzhuó	（名）	dress	
41. 实用	shíyòng	（形）	practical	
42. 因此	yīncǐ	（连）	therefore	
43. 至今	zhìjīn		up to now	

专　名

1. 辛亥革命　　Xīnhài Gémìng　　Revolution of 1911
2. 黄隆生　　　Huáng Lóngshēng　*name of a person*

课 文

孙中山和中山服

流行于中国的男式服装中山装,已有七十多年的历史了。它的式样美观大方,雅俗共赏,既有西方服装潇洒、合身,上下身分开的特点,又体现出中华民族严肃、朴实、大方的传统和风貌。

中山服为什么用孙中山的名字命名呢?1911年,辛亥革命成功后,孙中山先生担任了临时大总统。他经常会见宾客,有人建议他定做一套西服。孙中山先生说:"穿西服就得用外国的衣料,那样就要浪费我们中国的钱,使我们的黄金、白银白白地流到外国去。"他认为中国传统的对襟短服和长衫式样陈旧,而西服并不能代表中华民族的特点。于是他找到著名的裁缝黄隆生,按照西服的造型结构,结合中国紧领宽腰的服装特点,共同研究,加以改进,参考当时东南亚地区华侨中流行的服装式样,终于设计出一套简便、大方、新颖、美观的服装。因为它是为孙中山先生特制的,所以取名"中山服"。由于"中山服"制作方便,穿着实用,因此很快就在民间普及开来,成为当时中国的国服。至今,中山服还是中国人民喜爱的服装之一。

词 语 例 解

1. 于

"于"有"在、从"的意思,用在动词后表示时间、处所。例如:

(1)齐白石生于1863年,死于1957年。

(2)小王1990年毕业于北京大学中文系。

(3)这种服装式样流行于世界各地。

2. 白

"白"和"白白"都是副词,都表示付出了劳动后没有得到应有的结果。它们的区别是"白"直接用在动词前,动词多为单音节的,动词后可以没有其它成分。例如:

(1)火车站已经没有票了,你去了也是白去。

(2)客人没来,他白忙了一阵子。

"白白"往往加"地"后用在动词前,动词多为双音节的,动词后一定要有其它成分,至少有"了"。例如:

(3)我们不应该让时间白白地浪费过去。

(4)这辆自行车还能骑,不要白白地扔了。

3. 由于……因此……

"由于……因此……"和"因为……所以……"的意思基本相同,"由于"用在主语前,主语后都可以。"因此"常略去不说。例如:

(1)他由于身体不舒服,因此不能来参加今天的宴会了。

(2)由于雨下得太大,(因此)飞机不能起飞了。

(3)由于他学风严谨,科学家们都很尊敬他。

4. 开来

"开来"用在动词后作补语,表示扩大或扩展,也可以只用"开"。例如:

(1)这个歌很快就在同学们中间流行开(来)了。

(2)中山服在民间很快普及开来。

(3)先在一个工厂生产这种产品,然后再慢慢扩大开来。

练 习

一、搭配词组:

1. 思想朴实　作风朴实　语言朴实
2. 上下结合　中外结合　理论与实践结合

3. 设备陈旧　机器陈旧　家具陈旧
4. 改进工作　改进方法　改进技术
5. 临时决定　临时困难　临时工

二、选词填空：

(一) 美观　朴实　陈旧　简便　新颖　实用　临时
1. 屋子里的家具都很____，该换新的了。
2. 商店里的自行车式样____。
3. 中国农民具有____的品德。
4. 这本词典很____。
5. 有没有更____的方法？
6. 他的穿着____大方。
7. 他____有事不能来。

(二) 由于　因此　至今
1. ____设备陈旧，产品大部分不合格。
2. 他找了十几年，____也没找到他的亲人。
3. 过去实行计划经济，工人们只要完成规定的任务就够了，____生产发展得很慢。
4. 他已经在大学学了七年，____还没毕业。
5. ____时间的关系，我必须马上离开这里。
6. 那个地区严重缺水，____人们要到很远的地方去取水。

三、完成句子：

1. 这些苹果_____。（产于）
2. 如果买的东西不能用，_____。（白）
3. 牛郎织女的故事就这样_____。（开来）
4. 昨天银行休息，_____。（白）

四、辨词填空：

改进　改善

1. 商店的服务态度有了____。
2. 实行改革以来，工人们的生活有了____。
3. 学校的教学条件得到____。
4. 他们经常一起讨论，研究____工作的方法。

阅　读

旗　袍

旗袍是中国妇女都十分喜爱的一种民族服装。这种服装式样美观，高领、紧腰、连衣带裙，能充分体现出妇女的美丽和风貌。这么美观的服装是谁设计的？又是怎么流行开的呢？

旗袍本来是满族的服装，是一个打鱼的姑娘设计的。这个姑娘天天跟妈妈在海边打鱼，脸晒得黑黑的,大家都叫她黑姑娘。黑姑娘虽然脸被晒黑了,可是长得非常漂亮,人也特别聪明。当时,妇女都穿一种又宽又长的裙子,打鱼的时候很不方便。黑姑娘想,我一定要设计一种既美观、新颖,又方便、实用的服装。她想了好几天,终于设计出一种式样新颖的长衫,这种长衫两边开叉,打鱼的时候可以把衣襟系在腰上,十分方便。长衫的上半身扣襻一个接一个,把长衫装饰得更加美观。设计好了,黑姑娘又自己当裁缝,亲手做了一件穿在身上,一起打鱼的姑娘们都很羡慕她。

后来,黑姑娘被皇帝选进皇宫里去,皇宫里的妇女都得穿那种又宽又长的裙子。黑姑娘把她的裙子改成了自己设计的那种多扣襻的长衫。没想到,皇帝知道了非常生气,居然把她打死了。

黑姑娘死了,她老家的人都难过极了。为了纪念黑姑娘,满族的妇女都穿起了她设计的那种长衫。这种长衫就是我们现在说的"旗袍"。

1. 旗袍　　　qípáo　　　(名)　cheongsam, sheath with a slit skirt

2. 满族	Mǎnzú		the Man nationality
3. 打	dǎ	（动）	catch (fish)
4. 叉	chà	（名）	slit
5. 衣襟	yījīn	（名）	Chinese jacket with one or two pieces making up the front
6. 扣襻	kòupàn	（名）	knot
7. 接	jiē	（动）	(one) after (another)
8. 皇宫	huánggōng	（名）	imperial palace

大连市民的服装文化

  大连是一个港口城市。中国改革开放以后，大连各方面的发展都非常快。其中发展最快的是服装，用大连人的话说："简直是日新月异。"

  是的，大连的服装发展太快了，快得连设计的人、生产的人、销售的人都感到喘不过气来。一种式样刚刚流行，另一种新式样又出现在市场上。有些式样,在北京或其他城市只能在电视广告里看到,在这里却早有人穿在身上。

青年人的服装新颖、入时、多姿多采;中年人和老年人的服装也不落后,对襟的传统服装、从国外传进来的西式服装、叫不出名字的各式服装,式样真是太多了。每个人根据各自不同的性格、职业、爱好,选择适合自己身份的服装穿在身上,走在街上,潇潇洒洒;孩子们的服装更是丰富多彩,式样五花八门,装饰图案各式各样、五颜六色,充分体现出孩子们的天真、活泼、可爱。在大街上,你看吧,男女老幼,没有哪两个人穿的衣服是完全一样的。追求个性美,是大连市民的服装观念。

在大连,服装已经不只是生活的必需品,它已经成为一种市民文化。如果说从一个人的穿着能看出他的精神和风貌,那么从大连人的穿着上,我们可以看到一种开放的精神,体现个性的精神和进取的精神。

1. 大连　　　Dàlián　　　　　　　　Dalian City
2. 港口　　　gǎngkǒu　　　（名）　　harbour
3. 日新月异　rìxīnyuèyì　　（成）　　change with each passing day

4. 销售	xiāoshòu	（动）	sail
5. 喘	chuǎn	（动）	gasp for breath
6. 入时	rùshí	（形）	fashionable
7. 多姿多采	duōzīduōcǎi	（名）	colourful
8. 图案	tú'àn	（名）	pattem
9. 个性	gèxìng	（名）	individuality
10. 必需品	bìxūpǐn	（动）	necessity
11. 进取	jìnqǔ		eager to make progress

第七十六课

生　　词

1. 今　　　　jīn　　　　　　（名）　　today
2. 昔　　　　xī　　　　　　 （名）　　the past
3. 西方　　　xīfāng　　　　 （名）　　the west
4. 曾经　　　céngjīng　　　 （副）　　used to (do sth.)
5. 概括　　　gàikuò　　　　（动）　　summarize
6. 鸭子　　　yāzi　　　　　（名）　　duck
7. 灰尘　　　huīchén　　　 （名）　　dust
8. 外交团　　wàijiāotuán　　（名）　　diplomatic corporation
9. 荣耀　　　róngyào　　　 （名）　　honour
10. 值得　　　zhíde　　　　 （动）　　be worth
11. 自豪　　　zìháo　　　　 （形）　　be proud of sth.
12. 烤　　　　kǎo　　　　　（动）　　roast

13. 风味	fēngwèi	（名）	taste
14. 公认	gōngrèn	（动）	generally acknowledged
15. 名菜	míngcài	（名）	famous dish
16. 提起	tíqǐ	（动）	mention
17. 创建	chuàngjiàn	（动）	found
18. 资本	zīběn	（名）	capital
19. 开	kāi	（动）	set up
20. 说起	shuōqǐ	（动）	speak of
21. 来历	láilì	（名）	origin
22. 倒闭	dǎobì	（动）	close down
23. 风水	fēngshuǐ	（名）	the location of a house
24. 圈儿	quānr	（量）	circle
25. 宝地	bǎodì	（名）	valuable place
26. 颠倒	diāndǎo	（动）	reverse the order
27. 时来运转	shíláiyùnzhuǎn	（成）	time has moved to one's favour
28. 生意	shēngyi	（名）	business
29. 聚	jù	（动）	get together
30. 散	sàn	（动）	break up
31. 仁德	réndé	（名）	humanity
32. 先	xiān		first
33. 喜	xǐ	（名）	happy

34. 匾	biǎn	(名)	a horizontal inscribed board
35. 与众不同	yǔzhòngbùtóng	(成)	extra-ordinary
36. 名	míng	(名)	fame
37. 扬	yáng	(动)	make known
38. 买卖	mǎimai	(名)	buying and selling
39. 逐渐	zhújiàn	(副)	gradually
40. 酒楼	jiǔlóu	(名)	restaurant
41. 规模	guīmó	(名)	scale
42. 分店	fēndiàn	(名)	branch of a shop
43. 无以计数	wúyǐjìshù		countless
44. 名誉	míngyù	(名)	reputation
45. 女士	nǚshì	(名)	madam
46. 厨师	chúshī	(名)	cook

专　名

1. 全聚德	Quánjùdé	*Name of a restaurant*
2. 前门	Qiánmén	*Name of a place*
3. 京城	Jīngchéng	*the city of Beijing*

课　文

全聚德今昔

新中国成立以前,西方人曾经用三个"D"来概括北京的特点。这三个"D"是:Duck,Dust,Diplomats(鸭子、灰尘、外交团)。旧北京灰尘多,不是荣耀的事;而鸭子多,味道美,却值得北京人自豪。北京烤鸭以它独特的风味,被公认是一道国际名菜。提起烤鸭店,又没有不知道全聚德的。

全聚德烤鸭店,创建于一八六四年。店主杨全仁,以前在前门卖鸡鸭,有了一些资本以后,便在现在前门全聚德烤鸭店后厨房那个地方,开了这家烤鸭店。

说起"全聚德"这个名字的来历,还挺有意思的。杨全仁买下的这个地方,以前是一家山西人开的名叫"德聚全"的小水果店,可是后来倒闭了。为给自己新开的烤鸭店起个好名,杨全仁请来一位风水先生。风水先生围着房子转了几圈儿,对杨全仁说:"这可是一块宝地啊!'德聚全'是名字起得不好,所以倒闭了。只要把'德聚全'颠倒过来,叫'全聚德',必然时来运转,生意发达!'全聚德'有三个意思:全而不缺,聚而不散,仁德为先。"风水先生的话说得杨全仁心中大喜,他请了一位有名的书法家,写下"全聚德"三个字,做成大匾高悬在店门上边。

杨全仁创建烤鸭店后,又请来一位曾经给皇帝烤过鸭子的老师傅,他烤的鸭子与众不同,不久就名扬京城了。

一八九〇年,老杨店主去世了。以后,他的儿子、孙子继续开店。全聚德的买卖越做越大,逐渐发展成为新中国成立以前北京第一大酒楼。

新中国成立后,政府积极帮助全聚德。全聚德的规模越来越大,分店一个接一个地建起来。四十多年来,全聚德已经接待过无以计数的顾客。中国政府的宴会,许多都在全聚德举行。在全聚德担任第四代经理的杨福来先生,已经在一九八六年退休,但是仍然担任名誉经理。他的孩子杨宗满女士,已经成为全聚德的著名厨师。

词语例解

1. 曾经

"曾经"的用法有:

a. 曾经+V(过)

(1)这个学校曾经有两万多人,现在只剩五千人了。

(2)他曾经学过法文,后来又学过日文。

否定形式是"没有+V(过)":

(3)我从来没有去过别的国家。

b. 曾经+A+了/过

(4)为了欢迎代表团来参观,他们曾经忙了好几天。

(5)他们俩年轻时曾经好过,可是并没有成为夫妻。

否定形式也是"没有+形+过":

(6)他对学习从来没有认真过。

2. 过来

"过来"常用在动词后边,有三个主要的意思:

a. 表示向说话人的方向靠近。例如:

(1)他向我走过来了。

(2)你们快过来吧,汽车就要开了。

(3)请把那本书递过来。

b. 表示改变原来的位置或方向。例如:

(4)请把351这个数字倒过来念。

(5)"三"字竖过来就成了"川"字。
c.表示回到正常的情况。例如:
(6)这个病人终于醒过来了。
(7)我这个做事马马虎虎的毛病老改不过来。

3. 逐渐

"逐渐"的用法有:

a.逐渐+V(双音节)

(1)他的汉语水平逐渐提高了。

(2)我结婚以后,逐渐改变了以前的生活习惯。

b.逐渐+A

(3)天气逐渐冷起来了。

(4)这几年,这个城市逐渐繁荣了。

练 习

一、搭配词语:

1. 值得看　　　值得学习　　　值得自豪
2. 颠倒历史　　颠倒黑白　　　位置颠倒
3. 名誉博士　　名誉校长　　　名誉市长
4. 有来历　　　来历不明　　　来历复杂
5. 风味菜　　　地方风味　　　风味小吃

二、选词填空:

(一)公认 创建 倒闭 值得 概括 担任

1.他是世界上____的优秀运动员。

2.请你把那里的情况____地讲一下。

3.由于他不会做买卖,刚刚建起的店就____了。

4.北京大学____了一座生物城。

5.这部电影好极了,____看。

6.他____的工作太多,实在忙不过来。

(二)开 烤 转 起 聚 散 悬 扬

1.学校门口附近,新____了一家电脑公司。

2.马路上____了一些人,不知发生了什么事。

3.他在商店里____了好几圈儿,什么也没买。

4.店门上边____着一块大匾。

5.烤鸭是名____四海的美味食品。

6.电影已经演完了,可是人还不____。

7.先生孩子后____名字。

8.天太冷,你到屋里____火吧。

(三)规模 来历 资本 味道 风味

1.你知道这个人的____吗?

2.你觉得烤鸭的____怎么样?

3.这家医院的____在京城是最大的。

4.做生意没有____怎么行呢?

5. 各地都有____小吃。

三、完成句子：

1. 开始，全聚德只是个小店，后来_____。（逐渐）
2. 他_____，后来当了演员。（曾经）
3. _____，人人都说他好。（提起）
4. 这篇文章是英文写的，我不懂英文，请你_____。（过来）
5. 他说那里的房子很便宜，_____。（买下）
6. 北京市的规模_____。（逐渐）
7. 他准备创建一所学校，已经_____。（买下）
8. 他_____，因为生病，失去了一次机会。（曾经）
9. 经过医生的精心治疗，病人_____。（过来）
10. _____，还有一段来历呢。（说起）

四、选词填空：

时来运转　　与众不同　　无以计数

1. 到黄山旅游的中外游客_____。
2. 她穿了一件_____的服装。
3. 他做买卖发了大财,真是_____。
4. 他讲话_____,总爱打比方。
5. 改革给山区农民带来了好处,农民说:现在是_____了。
6. 战争中死去的人_____。

阅 读

东来顺三部曲

北京东来顺,是一家有名的专营涮羊肉的饭店,已经有九十多年的历史了。你想了解东来顺的今昔吗?请看它的三部曲。

一

一九〇三年,有个叫丁德山的穷人,他和两个弟弟在北京王府井的路边卖豆汁。过了一段时间,他们盖起了一个小棚子,在那儿卖粥,不久又挂出了"东来顺"的牌子。丁德山的母亲和妻子住在城外,两个人很会种菜,每天她们把新鲜蔬菜送到东来顺来卖。一家人的劳动使这个小粥棚很有自己的特色。

几年以后,在一位朋友的帮助下,丁德山和弟弟一起盖了几间房子,从卖粥改成卖羊肉,有烤羊肉,还有涮羊肉。一九一四年他们正式挂出了"东来顺羊肉馆"的大匾。

二

饭馆的生意还可以。但是由于资金不多,生意一直做得不大。丁德山想,怎么才能把生意做大?他终于想出了一个办法——装富。他把土装在一个一个袋子里,把许多装满土的袋子放在顾客能看见的地方。又用土做了一些假钱,一包一包也放在顾客容易看见的地方。于是顾客们都以为饭馆的资金很多,那些卖米的、卖面的、卖羊肉的、卖油的都相信丁德山,愿意让他先取货后付钱,从而东来顺的生意越做越大,饭菜的种类也越来越多。到一九三〇年,饭馆已经有了一座三层楼,在那里工作的人增加到一百四十多个,东来顺成了北京的一家大饭馆了。

三

一九四九年以后,东来顺不断发展,顾客一天比一天多,原来的规模又不能满足需要了。一九六九年,东来顺盖了一座新楼。一楼是快餐,二楼、三楼有涮羊肉、烤羊肉和烤鸭,还有四百多种炒菜。其中最有名的是涮羊肉,被认为是世界名菜之一。东来顺的涮羊肉吸引着越来越多的来自中国各地和世界各地的顾客。中国政府的许多宴会也在这里举行。东来顺名扬天下。

1. 三部曲　　sānbùqǔ　　　（名）　　trilogy
2. 专营　　　zhuānyíng　　（动）　　exclusive trade of (some commodity)
3. 丁德山　　Dīng Déshān　（名）　　*name of a person*
4. 豆汁　　　dòuzhī　　　　（名）　　a fermented drink made from ground beans

5. 棚子	péngzi	（名）	hut
6. 粥	zhōu	（名）	porridge
7. 生意	shēngyi	（名）	business
8. 天下	tiānxià	（名）	all over the world
9. 快餐	kuàicān	（名）	snack, fast food
10. 来自	láizì	（动）	come from

茅台酒

茅台酒是中国名酒之一，已经有五百多年的历史了。它产在贵州省的茅台镇，所以叫茅台酒。茅台酒名扬天下，最大的原因是做酒的水很特别，跟别的地方的水不一样。

关于做茅台酒的水，还有一个动人的故事。很多很多年前，茅台镇住着一家好心的农民。全家三口人，一个老头儿、他的老伴儿和他们的女儿。有一天，刮着大风，下着大雪，非常非常冷。两位老人正在扫雪，这时一位十分漂亮的姑娘从门前走过，她衣服穿得很少，看样子又冷又饿。老人们就让姑娘到屋里烤火。姑娘进了屋，烤了火，吃了一碗粥，还喝了老头儿的最后一点儿酒，觉得暖和多了。老头儿说:"天气太冷,你住一个晚上吧。"姑娘点点头表示同意。

那天晚上,两位老人同时做了一个梦,他们梦见一个跟白天来的那个姑娘长得一样的仙女,头戴一顶花帽子,身穿彩色的衣服,腰系两条大红带子,手捧一个白色的瓶子,瓶子里装满了仙水。仙女把瓶子里的仙水倒在他们家门前的一棵树下,对两位老人说:"我没有别的感谢你们,就请你们用这棵树下的水做酒吧……"第二天早上,他们跑到姑娘住的房子里一看,人已经走了。他们又跑到门前的树下,看见地上有水,往下一挖,流出了一股甜甜的泉水。两位老人就用树下的泉水做酒,做出的酒特别清,特别香,比什么酒的味道都好。据说这就是最早的茅台酒。根据这个美丽的传说,茅台酒的商标就用了仙女捧杯的图案,酒瓶上还系了两条红带子,跟仙女腰上系的两条大红带子差不多。

1. 茅台酒　　Máotáijiǔ　　　　brand of a white liquor
2. 贵州省　　Guìzhōu Shěng　　Guizhou Province

3. 茅台镇	Máotái Zhèn		Maotai town
4. 扫	sǎo	(动)	sweep
5. 仙女	xiānnǔ	(名)	fairy
6. 带子	dàizi	(名)	ribbon
7. 仙水	xiānshuǐ	(名)	celestial water
8. 挖	wā	(动)	dig
9. 清	qīng	(形)	clear
10. 商标	shāngbiāo	(名)	trade mark

第七十七课

生 词

1. 高档　　gāodàng　　（形）　high-grade
2. 中型　　zhōngxíng　（形）　middle-sized
3. 摊档　　tāndàng　　（名）　stall
4. 遍布　　biànbù　　　（动）　spread all over
5. 街头　　jiētóu　　　（名）　street corner
6. 早茶　　zǎochá　　　（名）　breakfast
7. 点心　　diǎnxīn　　（名）　light refreshments
8. 小菜　　xiǎocài　　（名）　pickles
9. 品尝　　pǐncháng　　（动）　taste
10. 光顾　　guānggù　　（动）　visit, patronize
11. 排档　　páidàng　　（名）　snack stall
12. 露天　　lùtiān　　　　　　in the open
13. 菜架　　càijià　　　（名）　rack with vegetables

14. 炉	lú	(名)	stove
15. 旺火	wànghuǒ	(名)	roaring fire
16. 随(随……随……)	suí (suí…suí…)	(动)	at any time used before two different verbs to indicate the second action follows the first one
17. 碟	dié	(名)	small plate
18. 冲	chōng	(动)	pour
19. 端	duān	(动)	carry
20. 将	jiāng	(介)	*preposition*
21. 重新	chóngxīn	(副)	again
22. 至诚	zhìchéng	(形)	sincere
23. 舍得	shěde	(动)	not grudge
24. 打包	dǎo bāo		pack
25. 务实	wùshí		deal with concrete matters relating to work
26. 兜	dōu	(动)	wrapped up in a bag
27. 时兴	shíxīng	(动)	popular
28. 悄悄	qiāoqiāo	(副)	quietly

29. 吩咐	fēnfu	（动）	tell
30. 谦让	qiānràng	（动）	modestly decline
31. 作东	zuòdōng		play the host
32. 饭盒	fànhé	（名）	lunch-box
33. 分门别类	fēnménbiélèi		classify
34. 塑料（袋）	sùliào(dài)	（名）	plastic (bag)
35. 令	lìng	（动）	cause
36. 称心满意	chènxīnmǎnyì	（成）	satisfaction

专　　名

深圳　Shēnzhèn　　　　Shenzhen City

课　文

深圳的"吃文化"

深圳的"吃文化"至少包括了三个方面：吃的方便，吃的满意，吃的实在。

深圳的高档酒家、中型餐馆、个体摊档遍布街头,真是时时可食,处处可食。深圳的早茶内容十分丰富,点心小菜各式各样,让人品尝不尽。大多数深圳人夜晚总喜欢光顾大排档。深圳的大排档露天临街而设,从晚间九、十点钟一直开到深夜两三点钟。几个茶座,一排菜架,一炉旺火,随点随做随吃,方便极了。

深圳人有饭前饭后饮茶的习惯,只要客人一坐下,一只托在小碟上的干净的小茶碗就立即放在你面前。接着一壶新冲的茶水便端上来。壶中的茶水用完,客人只要将壶盖掀开,服务员小姐就会及时添水。一顿饭中,不管客人要添多少次水,小姐们都不会嫌麻烦。在深圳,一盘菜吃掉一半觉得不合味,尽管开口让小姐拿去重新调味。这不都反映了深圳人的服务至诚吗?

深圳人在吃上很舍得花钱,但从不浪费。饭后"打包"的作法,实在体现了他们的务实精神。"吃不了兜着走"在许多城市时兴了一阵,便悄悄不知去向了。在深圳,只要服务员小姐看到桌上有剩下的饭菜,不用客人吩咐,就会主动为客人"打包"。在一些地方,人们认为把吃剩下的东西带走很不好意思,而且由谁带走大家也要互相谦让。深圳人不这么看,深圳的规矩是谁作东,谁"打包"。小姐们"打包"十分细心。她们拿出一双干净的筷子,几只纸饭盒,分门别类地为客人装上,再用塑料袋包好,送到客人手里。令客人称心满意。

词 语 例 解

1. 将

意思和"把"相当,用于书面语。例如:

(1)演员们的精采演出将我吸引住了。

(2)是谁将这件事告诉你的?

2. 尽管

副词"尽管"表示可以放心地去做,多用于肯定句。例如:

(1)你有什么事需要帮助尽管来找我。

(2)这些菜都不辣,你尽管放心吃。

(3)如果你要买什么书,尽管开口。

3. 重新

"重新"后加动词,动词后常加表示动量的"一次""一遍""一下儿"等。例如:

(1)这个菜需要重新调味。
(2)秘书把生产计划重新安排了一下儿。
(3)你把这些生词重新写一遍。

4. 谁……谁……
指前后两个相同的人,可以做主语,也可以做宾语。例如:
(1)谁请客吃饭,谁带走桌上剩下的饭菜。
(2)谁先到飞机场谁买票。
(3)我喜欢谁就让谁和我一起去。

5. 令
"令"后可以有两个宾语,一个是名词——指人,一个是动词或形容词——一般都与人的心理活动,感情有关。例如:
令客人满意　　　令他生气　　令孩子们感兴趣
令我不好意思　　令人感动　　令顾客感到很舒服
令人同情

练　习

一、搭配词组:
1. 高档商品　　高档服装　　高档鞋
2. 遍布全国　　遍布世界　　遍布各地
3. 露天市场　　露天煤矿　　露天影院
4. 品尝川菜　　品尝中国菜　品尝名酒

二、选词填空：

(一) 品尝　舍得　务实　吩咐　时兴　光顾　遍布

1. 各样点心你都____一下。
2. 旧式的服装现在都不____了。
3. 他这个人很____，不喜欢说空话。
4. 这些书我不____给别人。
5. 星期天我们____了一座新建的商业大楼。
6. 开学前，____各地的大学生都返回校园。
7. 经理____公司里的职工要认真工作。

(二) 尽　重新　悄悄　令　将　尽管

1. 千言万语说不____我们的感激之情。
2. 他一句话没说就____离开了。
3. 有什么困难你____说，我会帮助你的。
4. 他说的话____在场的人大吃一惊。
5. 过去的事他又____提起来。
6. 他____自己的经历写成了小说。

(三) 称心满意　分门别类

1. 他把读者的来信_____订成几大本。
2. 他终于找到了_____的工作。

三、用"谁……谁……"完成句子：

1. 这次活动自愿参加，_____。
2. 学校周围有好几家快餐店，_____。
3. 这家医院二十四小时服务，_____。
4. 学校的制度很严格，_____。
5. 学习成绩好坏主要靠努力，_____

四、造句：

尽管　　尽　　令　　谁……谁……

遍布　　将

阅　读

广州名点——虾饺

广州人有去茶楼吃早茶的习惯。茶楼里的点心小菜各式各样，但每一桌都少不了虾饺。质量好的虾饺，皮白白的、薄薄的，馅大大的、香香的，味道鲜美极了。

据一些老人说，虾饺起源于二十年代，最早做虾饺的是广州城外一家小茶楼的老板。那个地方鱼虾很多，每天早上老板买回新鲜的鱼虾以后，在鱼虾里加上肉和竹笋,做成馅儿,用一种质量好的黏米粉做皮儿,然后包成虾饺。因为鱼虾的味道很鲜美,顾客一尝,都说好吃。当时广州的茶楼还很少,点心的种类也不多,因此来这个小茶楼的顾客越来越多。虾饺很快就成为广州的名点流传出去,一直流传到今天。

现在,无论在广州的高档酒家、中型餐馆,还是在小型茶楼,都可以吃到虾饺。虾饺的皮儿和馅儿的做法都跟二十年代的不完全一样了,但是虾饺的重要特点:皮儿薄、馅儿大、味道鲜美却没有什么改变。广州人喜欢虾饺,虾饺已经成为广州早茶不可缺少的一种点心了。

1. 虾饺	xiājiǎo	(名)	dumpling with shrimp as filling
2. 皮	pí	(名)	(dumpling) wrapper
3. 薄	báo	(形)	thin
4. 馅	xiàn	(名)	filling
5. 鲜美	xiānměi	(形)	delicious
6. 竹笋	zhúsǔn	(名)	bamboo shoot
7. 黏米粉	niánmǐfěn	(名)	ground glutinous rice

碰杯与猜拳

在宴会上,为了给喝酒助兴,常常碰杯或猜拳,这在中国民间十分流行。

据说碰杯起源于古希腊。当时,古希腊人认为,喝酒的时候人的眼、耳、口、鼻、身五官,除了耳朵以外都得到了享受:眼睛能看到酒的颜色,鼻子能闻到酒的香气,口能尝到酒的味道,身体也能因喝了酒而感到舒服。只有耳朵什么也享受不到,因此他们在喝酒之前互相碰杯,让耳朵听到碰杯时发出的清脆声音。天长日久,喝酒之前先碰杯就成了一种习惯。

在宴会上互相碰杯可以增进友好的感情,而且也很有意思,所以很快在世界各国流传开来,宴会上主人向客人敬酒时都要先碰碰杯。

猜拳,中国古时候叫行酒令,是喝酒时进行的一种比赛。猜拳时,两个人嘴里喊出数字的同时要伸出手指,谁喊的数字跟两个人伸出的手指数的和一样,谁就赢了,输的人就得喝酒。

猜拳时喊的数字,常常跟表现人们美好意愿的词连在一起说出来,成为一套酒令。不同的时期酒令的内容也不一样,现在比较流行的一种酒令是:一马当先、双喜临门、三思而行、四季平安、五谷丰收、六畜兴旺、七星伴月、八仙过海、九九长寿、十全十美等。

1. 碰杯　　　pèngbēi　　　（动）　　cheers
2. 猜拳　　　cāiquán　　　（动）　　finger guessing game
3. 助兴　　　zhùxìng　　　（动）　　add to the fun
4. 起源于　　qǐyuányú　　（动）　　originated from
5. 希腊　　　Xīlà　　　　（名）　　Greece
6. 耳朵　　　ěrduo　　　　（名）　　ear
7. 享受　　　xiǎngshòu　　（动、名）enjoy
8. 清脆　　　qīngcuì　　　（形）　　clear and melodious
9. 增进　　　zēngjìn　　　（动）　　promote, further
10. 行酒令　　xíng jiǔlìng　　　　play drinker's wager game
11. 和　　　　hé　　　　　（名）　　sum (of two numbers)
12. 赢　　　　yíng　　　　（动）　　win

13. 输　　shū　　（动）　lose

酒令意思如下：
... The drinker's wager game may vary in content from time to time, and one such fashionable model now goes like: one horse riding in the forefront, double blessing descending, three thinking before you act, four seasons all in peace, five crops with good yielding, six domestic animals thriving, seven stars accompanying the moon, eight fairies across the sea, nine times nine longevity, ten times ten percent perfect.

第七十八课

生　词

1. 运用　　yùnyòng　　（动）　use
2. 初　　　chū　　　　（形）　at the beginning
3. 语义　　yǔyì　　　（名）　meaning
4. 相当　　xiāngdāng　（副）　very; quite
5. 明确　　míngquè　　（形）　clear
6. 指代　　zhǐdài　　（动）　demonstrate
7. 修辞　　xiūcí　　　（名）　rhetoric
8. 限制　　xiànzhì　　（动）　limit; restrict
9. 色彩　　sècǎi　　　（名）　colour
10. 更正　　gēngzhèng　（动）　make corrections
11. 茫然　　mángrán　　（形）　ignorant; at a loss
12. 肯定　　kěndìng　　（动）　affirm
13. 否定　　fǒudìng　　（动）　negate
14. 疑问　　yíwèn　　　（动）　question; doubt

15.	非	fēi		not; non
16.	贬斥	biǎnchì	(动)	denounce
17.	责骂	zémà	(动)	scold; rebuke
18.	意味	yìwèi	(动)	meaning
19.	狗	gǒu	(名)	dog
20.	耐烦	nàifán	(形)	patient
21.	厌恶	yànwù	(动)	be disgusted
22.	笨	bèn	(形)	stupid
23.	诙谐	huīxié	(形)	humorous
24.	充满	chōngmǎn	(动)	full of
25.	惊叹	jīngtàn	(动)	wonder at
26.	复杂	fùzá	(形)	complicated
27.	语重心长	yǔzhòngxīncháng	(成)	sincere words and earnest wishes
28.	苦功	kǔgōng	(名)	hard work
29.	惊奇	jīngqí	(形)	surprised
30.	强调	qiángdiào	(动)	stress; emphasize
31.	若有所悟	ruòyǒusuǒwù	(成)	seem to understand
32.	感叹	gǎntàn	(动)	sign with feeling
33.	卷发	juǎnfà		curly hair
34.	生人	shēngrén	(名)	stranger
35.	周围	zhōuwéi	(名)	around
36.	乖	guāi	(形)	well-behaved

37. 忍不住	rěnbuzhù		cannot help (doing sth.)
38. 面前	miànqián	(名)	in face of
39. 逗	dòu	(动)	kid
40. 哦	ò	(叹)	I see.
41. 音调	yīndiào	(名)	tone
42. 误会	wùhuì	(名)	mistake
43. 消除	xiāochú	(动)	clear up

专　名

韦尔　　Wéi ěr　　Well

课　文

（一）学"东西"

汉语教师教外国学生实际运用"东西"这个词。可是外国学生初学汉语，虽然教师对"东西"一词的语义已经解释得相当明确，他们仍弄不清楚"东西"的指代范围，更不知道它的修辞限制和感情色彩。

老师问学生："什么是'东西'?"

学生回答："桌子是东西,椅子是东西,我是东西,你是东西。"

老师提醒："不对,不对。"

学生连忙更正："啊,对不起,你不是东西"。

老师又好气又好笑,再次提醒:"更不对了,不能说'你不是东西',这是骂人的话。"

这时学生茫然,问道:"那么你到底是不是东西？如果是东西的话,你是个什么东西?"

老师连忙说:"不行,不行,'你是个什么东西'也是骂人的话。"

学生听了更是茫然。

老师耐心地向学生解释：

"东西"这个词,一般指非人的事物,指人时,有严格的修辞限制。一般不说肯定句"张三是东西";否定句和疑问句就带有贬斥、责骂的意味。如:"张三不是东西""李四是个什么东西?!"如果再加上某些修饰词语,感情色彩就更丰富了。如:"你这狗东西!"有贬斥意味;又如:"这老东西活得不耐烦了。"表示厌恶。再如:"你真是个笨东西,我讲了好几遍,你还没听懂。"表示诙谐;而"你这小东西"则充满了喜爱的感情。

学生惊叹道:"呀,这么复杂!"

老师语重心长地说:"所以语言这东西不是随便可以学好的,非下苦功不可!"

学生更加惊奇,问:"语言也是东西?"

老师回答:"语言也可以称为'东西',前面加上个'这',表示强调。"

学生若有所悟,感叹道:"'东西'这东西真是个怪东西!"

(二) 他一点也不"怪"

韦尔是美国留学生,来中国学习汉语快半年了。他的妻子带着不满一岁的儿子来看他。这孩子大大的蓝眼睛,黄色的卷发,高高的鼻子,白白的皮肤,可爱极了。韦尔夫妇常带着孩子在外面散步。孩子不怕生人,见人就笑。周围的中国人都喜欢抱抱他,还对韦尔说:"这孩子真乖(guāi)!"但是韦尔听了却不太高兴。不过,他什么也没说。

有一天,他终于忍不住了,来问我:

"老师,他们为什么常常说我的孩子怪(guài)？他怎么怪呢？就是鼻子大一点儿呀!"

"不会吧,"我也有点奇怪,"中国人的习惯,是不在父母面前说孩子不好的呀。"

"可是,很多人都这样说,他们抱他,逗他玩,好像很喜欢他,但是却对我说'他真怪'。"

哦,我一下子明白了,原来是声调上的误会,我没用几句话就消除了他的误会。他听完后高兴地大笑起来。

词语例解

1. 初

"初"一般用在单音节动词前作状语。例如:

(1)我初到一个地方,一定先买一张地图。

(2)这个孩子感冒初起,赶快给他吃药。

其它如:初学、初交、初(比)赛、初(结)婚。

2. 相当

"相当"的意思和"很"差不多,有两个用法:

a. 相当＋A

(1)他学习相当努力。

(2)在这里生活相当方便。

b. 相当＋A 的＋N

(3)从开始学习到掌握一种语言,需要相当长的时间。

(4)对这个问题,他作了相当明确的回答。

3. 满

a. 动词,表示达到一定的标准,期限。

(1)我的爷爷已经满八十岁了。

(2)假期已满,我们该回公司工作了。

b. 形容词。

(3)快打开窗户,满屋子都是烟。

(4)一到星期天,这个商店里总是挤满了人。

练 习

一、搭配词组：
1. 明确任务　　明确意义　　明确目的
2. 限制时间　　限制人数　　受限制
3. 充满阳光　　充满感情　　充满忧愁
4. 肯定成绩　　肯定去　　　肯定失败
5. 消除误会　　消除影响　　消除顾虑

二、选词填空：

(一) 运用　明确　限制　更正　肯定　否定　意味
　　　强调　充满

1. 学习语言的目的在于____。
2. 生活中____了矛盾。
3. 如果我讲得不对，大家可以____。
4. 老师总是____上课的重要。
5. 只要你努力学习，____会学好的。
6. 他____表示以后拒绝参加会议。
7. 回国人员出入境受不受____？
8. 沉默____着反对。
9. 对过去的错误必须____。

(二) 相当　耐烦　茫然　诙谐　复杂　惊奇

1. 北京的自行车____多。
2. 那位服务员对顾客很不____。
3. 情况比想像的要____。
4. 他对前途感到____。
5. 大家对他的成绩感到____。
6. 相声演员的____语言引起观众阵阵笑声。

(三) 连忙　到底　提醒　随便

1. 他始终弄不明白这____是怎么回事。

2. 要不是你____,我早忘了。
3. 听到有人叫他的名字,他____站了起来。
4. 这里的大人小孩都知道,你____问谁都可以。

阅 读

意 思

男的说:"她这个人真有意思。"
女的说:"他这个人怪有意思。"
于是,有人肯定地说:"他和她有了意思",并要他"赶快意思意思"。不然就"太不够意思"。
他火了,说:"我根本没那个意思!"她生气了,问:"你们这是什么意思?"说的人有点儿不好意思,一个解释说:"开个玩笑嘛,没有什么别的意思……"。另一个说:"开个玩笑就这样,有什么意思!"
事情过后,有人说:"怪有意思",也有人说:"真没意思"。

火儿　　huǒr　　(动)　angry

笑　容

在人的各种表情中，笑是不是最受欢迎的一种？答案不一定都是肯定的，因为有些笑是很不好接受的。这并不包括那些跟贬义词连在一起的各种笑。

自古以来，许许多多的学问家对笑做了多方面的研究，结论用一句话来说，就是：

笑是一种生理现象，同时也是一种社会现象。所以要想理解笑，就必须到社会生活中去考察。

世界上无论哪一种笑都是有原因的。比如假笑，也有必须做假的理由。演员在表演时的笑，一是把笑作为艺术，二是把笑作为商品。该笑的时候不笑，不该笑的时候笑，都不是合格的表演。

笑到底比哭好，有笑容到底比没有笑容好。所以，笑常常受到欢迎，许多商店、旅馆都提出"微笑服务"。

对被服务的对象来说，"微笑服务"简直是一种福音。但是，一些人在享受了这样的"微笑服务"之后，却有种种感叹。你去商店买东西，有笑脸迎接。你买了东西，也有笑脸送出。你没有买，那笑脸就变得让你不舒服了；你住旅馆，住着的时候，到处都有笑脸。你要走了，给了钱，对不起，那笑容就跟你给的钱一起收了起来。

　　人们对笑有一种希望，希望所有的笑都是真诚的，让我们永远跟这样的笑在一起。

1. 包括　　　bāokuò　　　（动）　　include
2. 贬义词　　biǎnyìcí　　（名）　　derogatory
3. 结论　　　jiélùn　　　（名）　　conclusion
4. 生理　　　shēnglǐ　　（名）　　physiological
5. 现象　　　xiànxiàng　（名）　　phenomenon
6. 考察　　　kǎochá　　　（动）　　observe
7. 假笑　　　jiǎxiào　　（名）　　false smile
8. 理由　　　lǐyóu　　　（名）　　reason
9. 合格　　　hégé　　　　（动）　　up to standard
10. 福音　　　fúyīn　　　（名）　　Gospel
11. 真诚　　　zhēnchéng　（形）　　sincere

第七十九课

生　词

1. 月饼	yuèbing	（名）	moon cake
2. 旧历	jiùlì	（名）	the lunar calendar
3. 桂花树	guìhuāshù	（名）	sweet-scented osmanthus tree
4. 娘	niáng	（名）	mother
5. 游戏	yóuxì	（名）	play
6. 拒绝	jùjué	（动）	refuse
7. 嘲笑	cháoxiào	（动）	ridicule
8. 家教	jiājiào	（名）	family education
9. 野小子	yěxiǎozi	（名）	rough boy
10. 委屈	wěiqū	（动）	feel wronged
11. 惊动	jīngdòng	（动）	disturb
12. 天神	tiānshén	（名）	god

13. 化装	huà zhuāng		make up
14. 安慰	ānwèi	(动)	comfort
15. 除非	chúfēi	(连)	only if
16. 亲爱	qīn'ài	(形)	dear
17. 为难	wéinán	(形)	feel awkward
18. 只得	zhǐdé	(副)	have to
19. 偷偷	tōutōu	(副)	secretly
20. 靴子	xuēzi	(名)	boots
21. 嘱咐	zhǔfù	(动)	enjoin; tell
22. 圆	yuán	(形)	round
23. 牢牢	láoláo	(形)	firmly
24. 好容易	hǎoróngyì		at last
25. 星	xīng	(名)	star
26. 赶紧	gǎnjǐn	(副)	lose no time
27. 天宫	tiāngōng	(名)	heavenly palace
28. 仙女	xiānnǚ	(名)	fairy
29. 柿子	shìzi	(名)	persimmon
30. 核桃	hétao	(名)	walnut
31. 苹果	píngguǒ	(名)	apple
32. 花生	huāshēng	(名)	peanut
33. 桂花	guìhuā	(名)	sweet-scented osmanthus
34. 蜜糖	mìtáng	(名)	honey sweet
35. 拌	bàn	(动)	mix

36.	花生米	huāshēngmǐ	（名）	shelled peanut
37.	核桃仁	hétáorén	（名）	walnut kernel
38.	馅儿	xiànr	（名）	filling
39.	照	zhào	（介）	according to
40.	形状	xíngzhuàng	（名）	shape
41.	不可开交	bùkěkāijiāo		be awfully busy
42.	兴高采烈	xìnggāocǎiliè	（成）	in high spirits
43.	押	yā	（动）	escort
44.	月宫	yuègōng	（名）	palace of the moon
45.	罚	fá	（动）	punish
46.	砍伐	kǎnfá	（动）	fell (trees)
47.	团圆	tuányuán	（动）	reunion
48.	拆散	chāisàn	（动）	break up
49.	留恋	liúliàn	（动）	can't bear to part
50.	逢	féng	（动）	meet, come upon
51.	百姓	bǎixìng	（名）	common people
52.	供	gòng	（动）	lay (offerings)
53.	明亮	míngliàng	（形）	bright
54.	怀念	huáiniàn	（动）	cherish the memory of

专　　名

1. 七仙女　　Qīxiānnǚ　　the seventh female celestial
2. 董永　　　Dǒng Yǒng　 name of a person
3. 吴刚　　　Wú Gāng　　 name of a person in hearsay
4. 玉皇大帝　Yùhuáng Dàdì Emperor of Heaven

课　　文

月　　饼

　　在中国,每年的旧历八月十五,家家都要吃月饼。为什么中秋节一定要吃月饼呢?

　　相传,有一年的八月十五,在一棵桂花树下,一群孩子正玩得热闹。这时来了一个从小就没了娘的孩子,他很想参加这群孩子的游戏,却被大家拒绝了。他们嘲笑这孩子是"缺少家教的野小子"。这孩子受了委屈,就大哭起来。

　　原来,这孩子是七仙女和董永的儿子。七仙女被王母娘娘抓回天宫以后,这孩子就跟董永一起留在人间。他边哭边喊:"妈妈,你在哪里?为什么不来接我呀?"他的哭喊声惊动了天神吴刚,于是吴刚就化装成农民的样子,来到人间。他安慰这个孩子,劝孩子不要哭喊。但是,不管吴刚怎么劝,孩子还是哭。他说:除非能见到亲爱的妈妈,他才不哭。吴刚十分为难。最后只得偷偷地取出登天靴递给孩子,并嘱咐他:"等圆月升起的时候,穿上这双登天靴,就能见到你亲爱的妈妈了。"

孩子牢牢地记住了吴刚的话,乖乖地等着。好容易等到太阳西下,又盼来群星满天,终于圆圆的月亮升起来了。他赶紧穿上登天靴,飞到了天宫。

孩子到了天宫,受到仙女们热情欢迎。仙女们给孩子准备了柿子、核桃、苹果和花生,还用桂花蜜糖拌花生米、核桃仁当馅儿,照着圆月的形状做成香甜的仙饼,送给孩子吃。

正当仙女们忙得不可开交,孩子玩得兴高采烈的时候,玉皇大帝知道了这件事。他大发脾气,下令把吴刚押到月宫,罚他砍伐桂花树。又派人脱掉孩子的登天靴,送孩子回人间去。这孩子简直像是做了一场梦,想不到刚跟妈妈团圆,又被拆散了。他留恋那美好的时刻,留恋那圆月似的仙饼。

后来,孩子长大了,当了官。每逢八月十五,他就命令各地百姓都做这种圆饼,做好后供在明亮的圆月下,表示对亲人的怀念。这种饼的形状很像圆月。因此,月饼的名称就一直流传到现在。

词语例解

1. 除非

"除非"是一个表示唯一条件的连词。用法有:

a. 除非……才……

(1)除非你亲自去请,他才会来。

(2)除非下大雨,我才不去。

b. 除非……不然……

(3)除非有重要的事,不然他一定会来的。

(4)除非天天练习,不然你的口语水平就提不高。

2. 好容易

"好"作副词,相当于"很",如"好大、好漂亮"就是"很大、很漂亮"。但在"容易"前,用"好"或"好不"意思都是否定的。"好容易"就等于"好不容易",常和"才"一起用。例如:

(1)你的家真难找,我好容易才找到。

(2)他好容易才说服了女朋友,晚上一起去听音乐会。

(3)我昨天好不容易才买到一张去广州的火车票。

3. **正当……的时候**

在"当……的时候"前边加"正",强调时间恰巧。例如:

(1)正当我准备给朋友打电话时,朋友的电话来了。

(2)正当大家兴高采烈地讨论星期天去哪儿玩儿的时候,他突然说了一句"我不跟你们一起去"。

4. **每逢**

"每逢"的意思是"每到",后面加表示时间的词。例如:

(1)每逢星期一,我都觉得很累。

(2)每逢春节,中国人就要吃饺子。

(3)这家商店每逢十五号都休息。

练　习

一、搭配词组:

1. 拒绝接受　　拒绝邀请　　拒绝参加
2. 安慰病人　　安慰大家　　安慰自己
3. 为难别人　　为难自己　　左右为难
4. 砍伐树木　　砍伐森林　　砍伐果树
5. 怀念亲人　　怀念祖国　　怀念故乡

二、选词填空：

(一) 委屈　惊动　化装　嘱咐　团圆　拆散　留恋　怀念
　　　拒绝　为难　安慰　嘲笑

1. 在中国,除夕之夜全家人吃____饭。

2. 他的请求被____了。

3. 人们对过去的生活常有一种____的感情。

4. 他____成一个商人逃走了。

5. 封建制度____了许多青年的幸福婚姻。

6. 历史将____那些出卖民族利益的人。

7. 人民将____那些为国家独立而献身的人。

8. 他不想让更多的人知道,所以没____大家。

9. 临走前,他一再____儿子努力要学习。

10. 当他提出要求时,我感到十分____。

11. 在我困难的时候,他总是____我,帮助我。

12. 父亲的责骂使儿子感到很____。

(二) 除非　只得　偷偷　牢牢　赶紧　每逢　好容易

1. ____有车来接我才去。

2. 他____赶到火车站,可是车已经开走了。

3. 他谁也没告诉,一个人____走了。

4. ____节日的时候,人们总要举行庆祝活动。

5. 你____去,大家都在等你呢。

6. 没考上大学,他____去找工作。

7. 父亲的话,我____记在心里。

(三)不可开交　兴高彩烈
1.这些日子,他忙得_____。
2.人们_____地参加庆祝活动。

三、造句：
原来　　每逢
不管　　除非
终于　　好容易
只得　　正当……的时候

阅　　读

端　午　节

农历五月初五,是中国传统的端午节。关于端午节的来源,有好几个不同的传说。

其中大家都熟悉的一个,据说是为了纪念伟大的爱国诗人屈原。在两千多年前的战国时代,楚国的屈原主张改革当时的政治,受到反对派的迫害。在楚国将要灭亡的时候,他跳进了汨罗江。由于人们敬爱屈原,江边的老百姓都划着船寻找他的尸体,并且把竹筒装上米,投进江里当作祭品。这就是划龙船和包粽子的起源。

另一个传说是流传在中国云南傣族群众中的一个动人故事:

很久以前,有一对傣族男女青年,从小一起长大,并深深相爱着。可是两家的父母怎么也不同意他们结婚。五月初五这天,他们俩手拉着手,一起跳进了一个大龙潭。为了纪念这对青年,每年五月初五,傣族人就来到大龙潭边,让青年们选择理想的恋人。青年男女围在一起,唱歌跳舞。小伙子把包好的粽子扔给被他看中的姑娘。要是姑娘对小伙子满意,就拿起粽子,然后两个人手拉着手离开大家,到大树下边去谈情说爱。

1. 端午节	Duānwǔjié		The Dragon Boat Festival
2. 爱国	àiguó	(形)	patriotic
3. 屈原	Qū Yuán		the famous poet in ancient time
4. 战国	Zhànguó		the Warring States (475-221B.C.)

5. 时代	shídài	(名)	times
6. 楚国	Chǔguó		Chu State
7. 迫害	pòhài	(动)	persecute
8. 灭亡	mièwáng	(动)	be destroyed
9. 汨罗江	Mìluó Jiāng		Miluo River
10. 敬爱	jìngài	(形)	respect and love
11. 老百姓	lǎobǎixìng	(名)	common people
12. 划	huá	(动)	row (a boat)
13. 尸体	shītǐ	(名)	corpse
14. 竹筒	zhútǒng	(名)	bamboo tube
15. 祭品	jìpǐn	(名)	sacrificial offerings
16. 粽子	zòngzi	(名)	a pyramid-shaped dumpling made of glutinous rice wrapped in bamboo or reed leaves
17. 起源	qǐyuán	(动)	originate
18. 云南	Yúnnán		Yunnan province
19. 傣族	Dǎizú		Dai nationality
20. 群众	qúnzhòng	(名)	masses
21. 龙潭	lóngtán	(名)	dragon's pool

22. 看中　　　kànzhòng　　　　　take to fancy
23. 谈情说爱　tánqíngshuōài　　　lovers' chat

粽　　子

　　端午节吃粽子,这早已成为中国人的习惯。在粽子的做法和吃法上,经过几千年的发展,有了很大的变化。为了纪念屈原,原来是用竹筒装米,投进江里。那样很容易被鱼龙偷吃。后来人们就用竹叶包上米,再用线捆起来。以后南北方慢慢形成了各自不同的风味。不但形状、大小各不相同,馅儿和味道更是花样繁多。有的一个就重一斤,有的四个才重一两。味道有甜的也有咸的。南方粽子的馅儿多用豆沙、咸肉、火腿等,北方以北京的小枣粽子最好。

　　现在粽子已不仅是端午节才有的食品,各地的食品店一年四季都有供应。

生　　词

1. 竹叶　　zhúyè　　　　（名）　　bamboo

2. 线	xiàn	（名）	string
3. 捆	kǔn	（动）	tie up
4. 花样	huāyàng	（名）	variety
5. 繁多	fánduō	（形）	various
6. 斤	jīn	（量）	*jin*
7. 豆沙	dòushā	（名）	sweetened bean paste
8. 咸肉	xiánròu	（名）	bacon
9. 火腿	huǒtuǐ	（名）	ham
10. 小枣	xiǎozǎo	（名）	small date
11. 供应	gōngyìng	（动）	supply

元宵和元宵节

农历正月十五是中国的元宵节。这一天，人们有吃元宵和看灯的习惯。

元宵是用米粉做成的一种圆形食品，分有馅儿和没馅儿两种。吃法也有水煮和油炸的不同。味道是甜、香、辣、酸、咸五味都有。常见的馅儿有桂花、核桃仁、花生米、豆沙等十几种。元宵节是新的一年中第一个月圆之夜，吃元宵表示团圆、幸福。

现在元宵已不只是元宵节的食品了，它是日常人们喜欢的一种点心小吃。

元宵节又叫灯节。这一天各地都举行灯会，人们制作出各种具有民族特色的大灯笼，挂在公园里、大街上，孩子们手上提着小灯笼，在外边儿玩儿，很是热闹。

元宵节是怎么来的呢？有这样一个动人的传说：

汉武帝时，有个文学家叫东方朔。他个子矮小，人很聪明。武帝喜欢他的诗文，允许他自由进出皇宫。有一年冬天，下了几天雪。武帝心中不高兴。东方朔就到花园中去，想给武帝折几枝梅花。他刚走进花园，就看见井旁边站着一个宫女，宫女低着头正准备跳进井里，东方朔急忙跑过去拉住她。这个宫女叫元宵，家在长安西北的山上。被选进宫里以后，再也不能跟家里人见面，她十分痛苦，于是就想到了死。东方朔安慰着她，并且答应想个办法让她跟家里人团圆。

几天以后，东方朔传出正月十六日长安将有大火的消息，百姓和武帝都又急又怕。这时东方朔对武帝说出一个办法：听说火神最爱吃汤圆，宫女元宵做的汤圆最好吃。十五日晚上,可以让元宵做些汤圆,请武帝烧香向火神敬汤圆。让长安百姓也都做汤圆,一起敬火神。再让百姓在街上、院里、房前都挂上红灯笼,好像满城大火的样子,一定能骗过天上的神。

武帝一听非常高兴,决定就按东方朔说的去做。正月十五这天晚上,长安城里到处都是红灯笼。武帝换上老百姓的衣服到大街上看灯,宫女们也都离开皇宫到外面的世界享受自由的快乐。

元宵利用这个机会跟家里人团圆了。

一夜灯火之后,长安城平安无事。武帝很满意。第二年的正月十五日,跟去年一样,元宵又见到了家里的人。以后年年如此,一直流传下来。由于十五敬神用的汤圆,总是那个叫元宵的宫女做得最好,人们就把汤圆叫做元宵,把正月十五这一天叫做元宵节。

1. 元宵	yuánxiāo	(名)	sweet dumplings made of glutinous rice flour
2. 元宵节	Yuánxiāojié		the Lantern Festival

3. 米粉	mǐfěn	（名）	rice flour
4. 煮	zhǔ	（动）	boil
5. 灯节	Dēngjié		the Lantern Festival
6. 灯笼	dēnglong	（名）	lantern
7. 汉武帝	Hàn Wǔdi		the emperor in the Han Dynasty
8. 东方朔	Dōngfāng Shuò		*name of a person*
9. 折	zhé	（动）	break off (a branch)
10. 枝	zhī	（量）	*measure word*
11. 宫女	gōngnǚ	（名）	a maid in an imperial palace
12. 长安	Cháng'ān		*name of a city*
13. 痛苦	tòngkǔ	（形）	painful
14. 汤圆	tāngyuán	（名）	stuffed dumplings made of glutinous ice flour served in soup
15. 烧香	shāo xiāng		burn incense
16. 骗	piàn	（动）	cheat

第八十课

生　词

1. 代沟　　dàigōu　　　　（名）　generation gap
2. 长辈　　zhǎngbèi　　　（名）　elder generation
3. 淡化　　dànhuà　　　　（动）　become faint
4. 愤愤不平　fènfènbùpíng　　　　feel unfair
5. 谈论　　tánlùn　　　　（动）　talk
6. 如何　　rúhé　　　　　（代）　how
7. 段　　　duàn　　　　　（量）　*measure word*
8. 往事　　wǎngshì　　　（名）　past events
9. 成熟　　chéngshú　　　（形）　mature
10. 之间　　zhījiān　　　　　　　between
11. 宁可　　nìngkě　　　　（副）　would rather
12. 答案　　dáàn　　　　　（名）　answer
13. 记得　　jìde　　　　　（动）　remember
14. 故意　　gùyì　　　　　（形）　on purpose

15. 视而不见	shìérbùjiàn		turn a blind eye to
16. 身(子)	shēn(zi)	(名)	body
17. 蜡烛	làzhú	(名)	candle
18. 熄灭	xīmiè	(动)	go out
19. 瞬间	shùnjiān	(名)	in the twinkling of an eye
20. 烛光	zhúguāng	(名)	candlelight
21. 丝	sī	(量)	*measure word*
22. 额	é	(名)	forehead
23. 皱纹	zhòuwén	(名)	wrinkle
24. 深情	shēnqíng	(名)	deep feeling
25. 望	wàng	(动)	look at
26. 内疚	nèijiù	(形)	compunctious
27. 拆	chāi	(动)	open
28. 厚	hòu	(形)	thick
29. 精致	jīngzhì	(形)	fine
30. 笔记本	bǐjìběn	(名)	note book
31. 扉页	fēiyè	(名)	title page
32. 家日志	jiārìzhì		family's daily record
33. 整整	zhěngzhěng	(副)	all
34. 成长	chéngzhǎng	(动)	grow up
35. 过程	guòchéng	(名)	process
36. 进步	jìnbù	(名)	progress

37. 闹	nào	(动)	make
38. 伤心	shāngxīn	(形)	sad
39. 等(等)	děng(děng)	(代)	and so on and so forth
40. 细致	xìzhì	(形)	careful
41. 生动	shēngdòng	(形)	lively; vivid
42. 平凡	píngfán	(形)	common
43. 在意	zàiyì	(动)	care about
44. 怀抱	huáibào	(名)	bosom
45. 目光	mùguāng	(名)	sight
46. 害怕	hàipà	(动)	be afraid
47. 安全感	ānquángǎn	(名)	sense of security
48. 焦急	jiāojí	(形)	anxious
49. 赶制	gǎnzhì		rush through the making
50. 高考	gāokǎo	(名)	entrance examination
51. 前夕	qiánxī	(名)	eve
52. 分散	fēnsàn	(动)	scatter
53. 精力	jīnglì	(名)	strength, energy
54. 瞒	mán	(动)	hide the truth from
55. 培养	péiyǎng	(动)	rear
56. 造就	zàojiù	(动)	bring up

57. 点滴	diǎndī	（名）	a bit
58. 笑容	xiàoróng	（名）	smile
59. 焦虑	jiāolǜ	（形）	anxious
60. 伸	shēn	（动）	stretch (out)
61. 浸透	jìntòu	（动）	soak
62. 无话不谈	wúhuàbùtán		keep no secrets from each other
63. 存在	cúnzài	（动）	exist

课　文

生　日　礼　物

　　近几年来常常听说"代沟"这个词，家庭中长辈与晚辈之间的关系也好像真的因为这个"代沟"而淡化了。

　　我见过两个十七八岁的女孩子愤愤不平地谈论父母如何不理解她们。她们的谈话让我想起了自己的一段往事。我也曾和那两个女孩一样，觉得自己很成熟，妈妈不理解也不可能理解我的思想。我们之间的话越来越少了，好多事我宁可从小说里找答案,也不愿意跟妈妈讲。

记得我二十岁生日那天,妈妈送给我一件生日礼物,但我故意视而不见,而且转过身去吹生日蜡烛。在蜡烛熄灭前的一瞬间,在烛光下我看见了妈妈头上的丝丝白发和额上的道道皱纹。妈妈也深情地望着我。我忽然感到内疚,连忙转身拆开妈妈送我的礼物。那是一个厚厚的、精致的笔记本,扉页上写着:"家日志(1972.10—1992.10)",里面记载着我出生后整整二十年里的成长过程。什么时候会说话,什么时候学走路,取得的进步,犯过的错误,闹出的笑话,为什么伤心,跟谁吵了嘴等等,细致生动的平凡小事都记在里面。有不少我都不记得了,有些甚至我从来就没有在意过。

二十年了,我在妈妈温暖的怀抱和深情的目光中长大。我忘不了小时候害怕过马路,而有妈妈在旁边就会充满安全感;我忘不了有一次因为没有找到合适的演出服装而焦急地大哭,半夜醒来时却看见妈妈在灯下为我赶制花裙子;我忘不了高考前夕妈妈生病,为了不分散我的精力,一直瞒着我……我忘不了那许许多多。二十年来,妈妈培养了我,造就了我。我生活中的点点滴滴都在妈妈眼里,在妈妈心里,怎么能说妈妈不理解我!

"理解"到底是什么?是我成功后妈妈脸上的笑容,是我失败时妈妈眼中的焦虑,是我需要帮助时妈妈及时伸出的双手……"家日志"里浸透着妈妈对女儿的爱。

从此,我们无话不谈,"代沟"不存在了,妈妈成了我的朋友。

词语例解

1. 而

古汉语留下来的连词,多用于书面语。常连接分句,可以顺接,表示进一步,也可以逆接,表示转折。例如:

(1) 我们班里有不少我的老同学,而有的还是我的好朋友。

(2) 以前他一点儿辣的也不吃,而现在呢,每顿饭都离不开辣菜。

2. 如何

"如何"的意思是"怎么""怎么样"。

a. 如何+V,可以用在疑问句中,也可用在陈述句中(句中含有否定词"不")。

(1)这个问题应该如何解决?
(2)我们应该如何办理签证手续?
(3)孩子们经常谈论长辈们如何不理解他们。
(4)我真不知道如何回答他的问题。
　b.感觉＋如何
(5)你初次到日本,感觉如何?

3. 宁可……也……

用在表示选择的句子里,"宁可……"表示被选择的做法。
　a.宁可……也不……
(1)我宁可在家里睡觉,也不去上这没意思的课。
(2)他宁可天天吃面条儿,也不吃食堂的饭。
　b.宁可……也要……
(3)宁可晚点儿睡觉,也要把这本小说看完。
(4)宁可自己麻烦点儿,也要帮助别人。

4. 闹

"闹"的主要意思有:

a.吵

(1)叫他们别闹了,都十二点了。
(2)这群孩子在院子里又打又闹,简直让人没办法休息。

b.发生,常见的有下列词组:

　　闹笑话　　闹矛盾　　闹地震　　闹意见

练　习

一、搭配词组

1. 赶制礼品　　赶制出国服装　　赶制方便面
2. 分散力量　　分散精力　　　　分散注意力
3. 培育果树　　培养儿童　　　　培养学生
4. 学习过程　　成长过程　　　　旅行过程

二、选词填空：

(一) 淡化　分散　培育　怀抱　浸透　在意

1. 海水经过____可以变成淡水。
2. 在他身上____着老师们辛勤的汗水和心血。
3. 他说了些什么我没____。
4. 有时力量要集中使用,不能太____。
5. 他____着不满两岁的孩子离开了家。
6. 他____的新品种打入了国际市场。

(二) 成熟　故意　精致　细致　平凡　点滴

1. 他做事很____,很少出错。
2. 我不是____找他的麻烦。
3. 他买了一套____的中国瓷茶具。
4. 他在____的工作岗位上做出了不____的成绩。

5.经验是靠平时____积累起来的。

6.经过长期的实践,他逐渐____起来。

(三)曾 伸 闹 拆 瞒 望

1.他好像有事____着我。

2.他____去过好几个国家。

3.刚开始学汉语时,____了不少笑话。

4.司机对车上的孩子说:"请不要把头____出窗外去。"

5.旧房子____了,准备盖新楼。

6.大海无边,一眼____不到头。

(四)而 宁可 如何

1.他____骑自行车去,也不愿挤公共汽车。

2.他是一位有着好几家公司____从不乱花钱的人。

3.摆在他面前的任务是艰巨____光荣的。

4.我们____把困难想得多一点儿,也不要因为准备不够而失败。

5.____处理经济生活中的矛盾是当前的一个难题。

三、造句:

谈论　　成长　　如何

前夕　　之间　　宁可……也……

阅　读

女儿的日记

"小花,快起来,六点半了!"我叫着还在梦中的女儿。她没动,我又提高了声调:"天天让人叫,没一点儿自觉性!"

"去,把自己的床整理好!"

"七点了,快吃饭!要不,又迟到了!"

我一次一次地提醒女儿,她却总是慢腾腾地,没一点儿紧张的样子。

多年来,这在我们家里已经成了习惯。

"把碗里的饭吃完了再走!"我一看见她剩下饭就发火,可是她只管背着书包跑下楼去。

"看,怎么不洗手就吃东西!"

"擦桌子!洗碗!"放下饭碗,我又重复着每天饭后的命令。

"作业做完了吗?我要检查。"

晚上,我走进女儿的房间,在灯下检查她的作业。发现日记放在作业的旁边,没想到,日记上记

下了白天的一切,其中有一段是这样写的:

"我在家天天总听到爸爸的命令声、批评声、喊叫声。如果科学家能发明一种让人吃了不发火、不喊叫的药,那多好啊!爸爸望子成龙,可是为什么总是批评人,命令人……"

读着女儿的日记,看看躺在床上可爱的女儿,我的心在疼。小花,我的独生女儿,爸爸是多么爱你!可是我的爱怎么会变成批评和命令?我怎么总挑你的毛病?父亲的严格教育中缺少了体贴和温情。我是一个不称职的父亲。

1. 自觉性	zìjuéxìng	(名)	consciousness
2. 慢腾腾	màntēngtēng		slowly
3. 背	bēi	(动)	carry on back
4. 作业	zuòyè	(名)	homework
5. 段	duàn	(量)	paragraph
6. 望子成龙	wàngzǐchénglóng		expect one's child to have a bright future
7. 体贴	tǐtiē	(动)	considerate
8. 温情	wēnqíng	(名)	tender feeling
9. 称职	chènzhí		qualified

婆婆与儿媳

弟弟全家住在纽约。最近弟妹来信,想请母亲去帮忙照料一下。母亲想孙子,于是就去了美国。

母亲到了美国,一切都觉得别扭。弟妹在美国住了十年,英语说得比汉语好。谈话的时候,常常会带出几句,母亲听了受不了。最不能容忍的是:孙子、孙女都起了英文名字,孙女还不会汉语。母亲说:"才吃了几年洋饭,连祖宗都忘了!"母亲想带孙子一起睡,弟妹不同意,说那样不卫生。她让母亲每天抱孙子在花园里晒两个小时太阳。纽约的冬天特别冷,母亲把自己的毛衣拆了,给孙子织了脖套,弟妹就是不让戴。夜里听着孙子的咳嗽声,母亲偷偷地流泪。

有一次学校的老师让孩子们学做鸟笼,母亲帮助孙女做了一个。这回弟妹可发火了,把鸟笼扔了,对母亲大叫:"这里是美国不是中国!"可把母亲气坏了。

弟妹终于又请了一个广东小保姆,其实这意思很清楚,是想让母亲离开。一天,母亲在报纸上看到一条广告,有位台湾人找人照料他八十岁的老母亲,每月工资一千美元。于是母亲什么也没跟弟妹说就去了。这可把弟妹急坏了,天天开着车在纽约找,还报告了警察。多亏在母亲的枕头下发现了那张报纸,弟妹才弄清楚一切。她接母亲回家,母亲就是不回去,非要自己挣钱生活不可。半年以后,那位老人去世了,母亲也就离开了那里。后来母亲独自游览了美国许多名胜,订好了回国机票,想悄悄地离开美国。

在机场门口,母亲意外地发现弟妹带着孩子们站在那儿。她跑过去,紧紧地拥抱弟妹,亲着孙子、孙女,一句话也说不出来。

1. 婆婆　　pópo　　　　（名）　　mother-in-law
2. 弟妹　　dìmèi　　　　（名）　　wife of one's brother
3. 照料　　zhàoliào　　　（动）　　look after
4. 别扭　　bièniu　　　　（形）　　uncomfortable, awkward
5. 容忍　　róngrěn　　　（动）　　put up with
6. 祖宗　　zǔzong　　　　（名）　　ancestor
7. 卫生　　wèishēng　　　（名、形）healthy
8. 抱　　　bào　　　　　（动）　　carry in the arms
9. 拆　　　chāi　　　　　（动）　　unravel

10. 织	zhī	（动）	knit
11. 脖套	bótào	（名）	neck wear
12. 咳嗽	késou	（动）	cough
13. 鸟笼	niǎolóng	（名）	birdcage
14. 多亏	duōkuī	（副）	thanks to, luckily
15. 拥抱	yōngbào	（动）	embrace
16. 亲	qīn	（动）	kiss

词语表

A

ai	爱护	74
	爱情	68
an	安静	71
	安慰	79
	安全感	80
	按照	67

B

ba	罢	63
bai	白	75
	白发苍苍	73
	白日梦	64
	白银	75
	百家姓	66
	百姓	79
ban	拌	79
	扮作	74

	伴侣	62
bao	宝地	76
	宝库	67
	报告	71
	暴露	74
ben	本	73
	笨	78
bi	笔记	80
	笔画	61
	比喻	63
	闭	64
	必然	64
	毕竟	72
bian	贬斥	78
	匾	67
	便	67
	遍布	77
	遍地	66
biao	标志	63
bie	别具一格	74
bin	宾客	75
bo	播放	65
	博士	70
bu	补贴	67
	不安	74
	不禁	65

	不可开交	79
	不朽	67
	部	64

C

cai	裁缝	75
	菜架	77
can	参考	75
	惭愧	73
ceng	曾经	76
	层次	62
cha	茶杯	74
	茶道	74
	茶馆	74
	茶壶	74
chai	拆	80
	拆散	79
chan	产生	64
chang	长期	70
	长衫	75
chao	嘲笑	79
	吵	80
chen	臣	74
	陈旧	75
	沉默	71

	称心满意	77
cheng	称	61
	称赞	69
	成本	69
	成功	75
	成立	74
	成熟	80
	成长	80
	程序	74
	诚实	72
chong	冲	77
	充分	67
	充满	78
	重复	71
	重新	77
chou	愁苦	65
chu	出	69
	出声	71
	出生	69
	出巡	74
	初	78
	厨师	76
	除非	79
chuan	穿着	75
	传	70
	传世之作	67

	船	70
chuang	创建	76
	创始	74
chui	垂头丧气	73
chun	村庄	66
	村子	66
	存在	80
cong	从此	66
	从而	74

D

da	达	70
	答案	80
	打包	77
	打工	69
	打量	73
	打扫	69
	大胆	62
	大都	67
	大量	70
	大声	61
dai	代	61
	代	74
	代表	73
	代沟	80

dan	淡化	80
dang	当天	66
	当中	71
dao	到底	66
	道谢	74
	倒	67
	倒闭	76
deng	等	80
di	地区	75
	地方	63
	弟子	74
	递	65
dian	颠倒	76
	点	61
	点滴	80
	点心	77
	电子计算机	70
	店主	69
	店小二	74
	殿堂	71
die	碟	77
ding	盯	65
	顶	63
	定作	75
dong	动物学家	68
dou	兜	77

	抖擞	71
	逗	78
du	读本	66
	读者	64
	独特	67
duan	端	77
	短服	75
	段	80
dui	对方	68
	对襟	75

E

e	额	80

F

fa	发	63
	发表	64
	发明	70
	发票	72
	发扬光大	74
	罚	79
fan	反复	61
	反光镜	72
	反映	64

		犯	66
		范围	62
		饭盒	77
	fang	放弃	68
	fei	非	70
		非	78
		扉页	80
		费用	72
	fen	分	66
		分别	69
		分为	67
		分店	76
		分门别类	77
		分散	80
		吩咐	77
		愤愤不平	80
	feng	风貌	75
		风水	76
		风味	76
		逢	79
	fou	否定	78
	fu	幅	67
		符号	73
		复	66
		复杂	78
		附近	73

	富有	74
	富裕	69

G

gai	改	66
	改进	75
	改善	67
	概括	76
gan	赶来	79
	赶制	80
	感叹	78
gao	高档	77
	高考	80
	高声	66
	高尚	63
	告别	63
ge	歌曲	65
gen	根	73
	根据	64
geng	更正	78
gong	工	69
	工商	70
	公认	76
	供	79
gou	狗	78

gu	鼓舞	71
	顾客	65
	雇	69
	故意	80
guai	乖	78
guang	光彩	65
	光顾	77
	光线	72
	广泛	68
gui	规定	69
	规矩	74
	规模	76
	跪	74
	桂花	79
	桂花树	79
	柜台	65
gun	滚	64
guo	果然	66
	过程	80

H

hai	害怕	80
han	喊	66
hao	好容易	79
he	和气	65

	合	73
	合并	70
	合身	75
	合同	69
	和平	74
	核桃	79
	荷花	67
	荷叶	67
heng	横	61
hong	红娘	62
hou	后代	74
	后悔	72
	厚	80
hu	壶	63
	葫芦	63
	户口	69
hua	花店	69
	花生	79
	花生米	79
	花卉	69
	花束	69
	华侨	75
	话题	62
	化装	79
huai	怀抱	80
	怀念	79

		坏蛋	65
	huan	环视	71
		幻想	64
	huang	黄金	75
		黄粱美梦	64
		恍然大悟	71
	hui	灰尘	78
		回忆	64
		会场	71
		会见	75
	huo	活跃	68

J

	ji	几乎	71
		激动	21
		基本功	61
		集市	63
		及时	77
		技术	70
		计算	70
		计算器	70
		记得	80
		寂	74
		祭	66
	jia	加法	70

	家教	79
	家日志	80
jian	尖	73
	减法	70
	减退	70
	检查	72
	简便	75
	渐渐	63
	建设	68
jiang	将	77
	将军	66
	讲台	71
jiao	交流	68
	交往	62
	郊外	73
	焦急	80
	焦虑	80
	角	65
	叫声	61
jie	街头	77
	结识	62
	结合	75
	结构	61
	解释	65
jin	今	76
	金钱	65

	金属	70
	紧	75
	谨慎	63
	紧紧	65
	尽	71
	尽管	63
	进步	80
	浸透	80
jing	京城	62
	惊动	79
	惊奇	79
	惊叹	78
	精力	80
	精致	80
	境界	74
jiu	酒楼	76
	旧历	79
ju	居然	72
	居留证	69
	举行	74
	据说	61
	拒绝	79
	聚	76
	聚精会神	73
juan	卷发	78
jue	绝望	63

jun	君	74

K

ka	咔嚓	72
kai	开	76
	开辟	62
	开设	63
kan	砍伐	79
kao	烤	76
ke	棵	73
	磕	74
	可想而知	71
ken	肯定	78
kou	口头	64
	叩	74
ku	苦功	78
kuai	快车道	72
kuan	宽	75

L

la	蜡烛	80
lai	来历	76
lang	浪费	68
lao	牢	79

	老翁	63
	老大爷	73
lei	雷鸣般	71
	泪珠	65
li	厘米	72
	礼	66
	礼节性	74
	礼仪	74
	理会	61
	历代	76
	力量	67
	粒	63
lian	连连	63
	连忙	63
	联合	76
	联络	74
	脸盆	67
liang	良心	65
lin	林	73
	临时	75
ling	领	75
	令	77
liu	流	65
	流传	74
	留恋	79
lu	炉	77

	露天	77

M

ma	骂	65
mai	买卖	76
man	瞒	80
	慢车道	72
mang	忙碌	65
	茫然	78
mao	贸易	70
mei	每	79
	美观	75
	美好	64
	美满	62
	美学	74
meng	梦	64
mi	迷	64
	迷信	71
	蜜	79
mian	面	62
	面孔	65
	面前	78
min	民间	66
ming	名（形）	64
	名（名）	76

	名菜	76
	名誉	76
	明	73
	明亮	79
	明显	70
	明确	78
	命令	65
	命名	75
mo	磨	67
	抹	67
	陌生	72
	末	73
	墨	67
	墨虾	67
	默默	65
	莫名其妙	61
mou	某	63
mu	木	63
	木头	73
	目光	80
	拇指	70

N

na	捺	61
mai	耐烦	78

nan	男式	75
	难道	63
	难过	65
	难题	64
	难忘	72
nao	脑海	72
	闹	80
nian	年代	67
nei	内疚	80
neng	能力	70
niang	娘	79
ning	宁可	80
nü	女士	76

P

pai	牌位	66
	排档	77
pan	盼	64
pang	螃蟹	67
pei	培养	80
peng	捧	73
	碰	72
pi	批评	73
	脾气	63
	屁股	67

pie	撇	61
pin	拼命	67
	品	74
	品尝	77
ping	平凡	80
	平时	73
	苹果	79
pu	仆人	74
	朴实	75
	普及	74

Q

qi	沏	74
	齐全	61
	启蒙	66
qian	签订	69
	谦让	77
	前夕	80
	前所未有	62
	歉意	72
qiang	强调	78
qiao	悄悄	77
qin	亲爱	79
	亲戚	63
	亲眼	71

	亲自	66
qing	清洁	74
	清静	74
	清理	69
	轻轻	65
	情趣	74
qiu	求缓	76
qu	屈	74
	曲	74
	区别	67
	取	75
quan	圈儿	76
	权利	62
	权威	71
que	缺少	70
	确实	63
qun	群	67

R

re	热	70
	热门	62
ren	仁德	76
	忍不住	78
	认得	73
	任何	71

ri	日	73
	日常	64
	日期	74
rong	荣耀	76
ru	如此	70
	如何	80
ruo	若有所思	78

S

san	散	76
se	色彩	78
sha	杀	66
	傻瓜	70
shan	闪闪发光	67
shang	伤心	80
she	舍得	77
	设	70
shen	伸	80
	身	80
	身份	74
	深厚	68
	深情	80
	神	66
	神奇	63
sheng	升	79

	生动	80
	生人	78
	生意	76
shi	实用	75
	时来运转	76
	时兴	77
	使用	67
	始终	63
	视而不见	80
	事实	70
	柿子	79
	示意	71
shou	收藏	70
	手段	74
shu	书法家	61
	叔叔	65
	竖	61
	数学	64
shuai	摔	64
shui	睡眠	64
shun	瞬间	80
shuo	说教	76
si	思考	61
	思维	64
	思想	68
	丝	80

	四周	72
	似乎	65
su	俗话	63
	塑料	77
suan	算是	74
	算盘	70
sui	随	77
	碎	72
suo	锁	68
	所有	66
	所谓	66

T

tai	态度	68
tan	摊档	77
	谈论	80
	坛子	73
tao	陶冶	74
te	特殊	74
	特制	75
ti	提	61
	提起	76
	提醒	61
	题	67
	体现	67

tian	天宫	79
	天神	79
	添	77
	甜美	73
tiao	挑选	65
	调皮	67
	挑	61
ting	停留	69
tong	通用	76
	同	72
	同等	62
	同事	62
tou	偷偷	79
tu	突然	61
	图样	69
tuan	团圆	79
tuo	脱	67
	拖	61

W

wai	外地	72
	外交团	76
	外流	70
wan	玩具	68
	晚辈	74

wang	往往	74
	往事	80
	忘记	65
	旺火	77
	望	80
wei	微微	71
	微笑	71
	维持	69
	为(动)	63
	为难	79
	围	66
	委屈	79
	位于	76
wen	温暖	62
	瘟疫	63
wu	无	72
	无话不谈	80
	无以计数	76
	无意	65
	五花八门	70
	物理学家	71
	雾	72
	误会	78

X

xi	吸引	68
	昔	76
	西方	76
	熄灭	80
	喜	76
	细致	80
xian	先	76
	先兆	64
	掀	77
	掀起	70
	仙女	79
	显然	64
	现实	64
	限制	78
	线	72
	馅儿	79
xiang	相传	74
	相当	78
	相反	64
	相识	62
	相信	66
	响	71
xiao	消除	78

	潇洒	75
	小菜	77
	笑眯眯	67
	笑容	80
xin	心情	71
	新颖	75
	信任	72
xing	星	79
	行（动）	66
	形成	67
	形声字	73
	型	77
	兴高采烈	79
	姓氏	66
xiu	修辞	78
xu	虚构	64
xuan	宣读	66
	宣纸	67
	悬	63
	悬挂	63
	选择	62
xue	靴子	79
	学位	70
	学术	71

Y

ya	压	72
	鸭子	76
	押	79
	雅俗共赏	75
yan	严格	68
	严肃	73
	沿用	76
	眼泪	65
yang	扬	76
yao	腰	75
	邀请	74
	药	63
	药丸	63
	药店	63
ye	野小子	79
	夜	64
yi	一下子	61
	一时	73
	衣料	75
	医治	63
	疑问	78
	以便	74
	艺术性	74

	意义	73
	意味	78
yin	因此	75
	音调	78
	银元	67
	饮	74
	隐秘	63
	印章	67
ying	影响	68
yong	勇气	62
	勇敢	62
you	幽闲	74
	由来	66
	由于	75
	游戏	79
	有趣	68
	有限	67
	友谊	68
	右侧	72
yu	与众不同	76
	雨刷	72
	语义	70
	语重心长	78
yuan	原因	70
	圆	79
yue	月	73

	月宫	79
	月饼	79
yun	运用	78

Z

za	杂志	64
	杂志社	64
zan	暂时	68
zai	在意	80
zang	脏	69
zao	早茶	77
	造型	75
	造就	80
ze	责骂	78
zhang	张	71
	长辈	80
	长者	74
	掌声	71
zhao	招	65
	照	79
zhe	折	61
	这些	64
zhen	阵	71
	镇子	63
zheng	整整	80

		整理	69
		正直	63
zhi		之（助）	64
		之（代）	74
		之间	80
		之前	62
		支付	72
		值	68
		值得	76
		只得	79
		纸条	72
		指（头）	74
		指代	78
		制造	70
		至诚	77
		至今	75
zhong		中华	75
		中年	62
		中山服	75
		中药	63
		中医	63
		种类	70
zhou		周围	78
		皱纹	80
zhu		珠算	70
		竹子	70

	烛光	80
	逐渐	76
	主意	69
	主动	69
	嘱咐	79
zhua	抓	66
zhuan	转	73
	赚	69
zhuang	装饰	69
	壮大	74
zhui	追求	62
zhuo	桌面	74
zi	资本	76
	自豪	76
	自言自语	61
zong	总统	75
zu	组成	73
	组织	74
zui	罪	66
	醉	65
zuo	琢磨	73
	左侧	72
	作东	77
	作家	64
	作为	63

专　名

bai	百家姓	66
bei	北京电视台	62
	北宋	70
chao	朝鲜	70
dong	董永	79
hong	《红楼梦》	64
hu	湖北	68
huang	黄隆生	75
jiang	江之华	71
jin	晋代	61
jing	京城	76
qi	七仙女	79
qian	前门	76
	乾隆	74
qing	清明上河图	70
quan	全聚德	76
shan	山西	76
shen	深圳	77
wang	王羲之	61
wei	韦尔	78

wu	吴刚	79
xin	辛亥革命	75
yu	玉皇大帝	79
zhi	智永	61
zhong	中国妇女报	62

词语例解

A

an	按照	67

B

bai	白	75
bi	毕竟	72
	必然	64
	必须	69
bian	便	67
biao	表示	72
bing	并非如此	70
	并且	69
bu	不错	65
	不好意思	62
	不禁	65

C

ceng	曾经	76
cheng	称之	74
chong	重新	77
chu	初	78
	除非	79
cong	从此	66
	从而	74

D

da	达	70
da	打量	73
dang	当时	67
	当……时	70
dao	到底	66
di	的确	62
dong	动词+为	67

E

er	而	80

F

fan	凡事	73
	反映	74
fen	分别	69

G

guan	关于	66
guo	果然	66
	过来	76

H

hao	好容易	79
	好像	65

J

ji	几乎	71
jian	简直	73
jiang	将	77
jie	接着	65
jin	尽管	63/77
jiu	究竟	64

ju	居然	72
	据说	61

K

kai	开来	75
	开玩笑	65
kao	靠	69
ke	可不是	62
	可想而知	71

L

ling	令	77

M

man	满	78
mei	每	63
	每逢	79

N

nan	难道	63
nao	闹	80
ning	宁可……也……	80

nong	弄	6

Q

qi	其中	63
qin	亲眼	71
	亲自	66
que	确实	63

R

ren	任何	71
ru	如何	80

S

shang	上千	66
shen	甚至	64
shi	使用	67
	始终	63
shou	受	68
shui	谁……谁……	77
suo	所有	68
	所谓	66

T

tong	同	72
	痛快	73
tu	突然	61

W

| wang | 往往 | 74 |

X

| xiang | 相当 | 78 |
| | 想起来 | 61 |

Y

yi	一下子	61
yi	一下子	61
	一时	73
	一直	62
	以……为……	67
yin	因……而……	64
ying	影响	68
yu	于	75

yuan	原来	65

Z

zai	在……看来	74
	在我	72
zhen	阵	71
zheng	正当……的时候	79
zhi	之	74
	只等……就	69
zhu	逐渐	76

对外汉语教材系列

汉语初级教程(1—4)(配磁带)　　邓　懿主编
汉语中级教程(1—2)(配磁带)　　杜　荣主编
汉语高级教程(1—2)(配磁带)　　姚殿芳主编
新汉语教程(1—3)(配磁带)　　李晓琪等
读报刊看中国(初级本)　　潘兆明等
读报刊看中国(中级本)　　潘兆明等
读报刊看中国(高级本)　　潘兆明等
汉语中级听力教程(上下共4册)(配磁带)　　潘兆明等
中级汉语口语(上下)(配磁带)　　刘德联、刘晓雨
中国家常　　杨贺松
新编汉语教程(配磁带)　　刘瑞年、李晓琪
汉语情景会话(配磁带)　　陈　如等
速成汉语　　何　慕
趣味汉语　　刘德联、高明明
趣味汉语阅读(配磁带)　　刘德联、高明明
汉语交际手册(配磁带)　　王晓澎、刘谦功
商用汉语会话(配磁带)　　郭　力
外国留学生汉语写作指导　　乔惠芳、赵建华
简明实用汉字学　　李大遂
对外汉语教学中高级课程习题集(配磁带)　　李玉敬主编
现代千字文(配磁带)　　张朋朋
汉语常用词用法词典　　李晓琪等
中国概况　　王顺洪
中国风俗概观　　杨存田